関東戦国史

北条VS上杉55年戦争の真実

黒田基樹

関東戦国史——北条VS上杉55年戦争の真実

目次

まえがき

　戦国時代は、関東の享徳《きょうとく》の乱《らん》（一四五五〜八二）に始まり、小田原合戦《おだわらかっせん》（一五九〇）と続く奥羽《おうう》での叛乱《はんらん》鎮圧（一五九一）にいたる、およそ一五〇年にわたった。戦国時代の始まりも終わりも、じつは関東の動向が基準になっていたかたちになる。

　このことは関東が、京都を中心とした政治世界とは異なる、独自の政治動向を展開していたことを示している。ところが戦国時代の政治史となると、たいていの場合、「天下人」となった織田信長・羽柴《はしば》秀吉を中心に取り上げられることになる。そこには、天下一統を既定路線とし、いわば天下一統という結果論から予定調和的に政治史を組み立てるという思考が根底にある。

　しかし、室町《むろまち》幕府に代わって新たな「天下人」織田信長が誕生したのは、戦国時代の終盤の十五年前のことにすぎない。しかも信長の影響力は、せいぜい隣接した戦国大名におよぶ程度のものであった。信長が「天下人」として、それ以外の大名たちにも影響を与える存在となるのは最晩年のことにすぎないし、それも地域の側から呼び込まれたものであった。

列島の各地域では、それまでの一〇〇年以上におよんで、独自の動向を展開していたのである。そしてその動向こそが、結果的に地域を統合するような戦国大名を作り出し、ひいては天下一統をもたらすことになる。信長・秀吉はその動向に乗っかっただけにすぎない。

むしろ戦国時代における変化をみるためには、最終盤になって登場してきた信長や秀吉ではなく、それ以外の地域における動向をみていくことによってこそ知ることができる。その恰好《かっこう》の素材となるのが、関東における北条氏と上杉氏との五十年におよぶ抗争である。戦国時代には、そもそも室町時代の政治秩序が強く残存していた。それが最終的に払拭《ふっしょく》されるのは、それこそ室町幕府が滅亡してからだが、時代の展開のなかで、それとは次元の異なる戦国時代独自の論理が展開されていく。その最たる事態が、領域国家の構築であろう。それこそが天下一統後の社会を規定していくことになる。

関東における室町的政治秩序の最たるものが、鎌倉公方《くぼう》・関東管領《かんれい》という存在であった。京都の室町幕府における将軍・管領に相当する。その関東管領という地位に就いていたのが上杉氏である。上杉氏こそ、関東における室町的な政治秩序を体現する存在であったといっていい。上杉氏というと、すぐに越後《えちご》の戦国大名上杉謙信《けんしん》が想起されるであろう。よく知られているように、謙信はもとは長尾《ながお》氏を称していたが、上杉氏を称するのは、まさにこの関東上杉氏の家督を継いだことによっていた。

戦国時代が始まって五十年近くが経ったころ、関東政界に他国から伊勢宗瑞《いせそうずい》（いわゆる北条早雲《そううん》）が進出してくる。伊勢氏は二代目の氏綱《うじつな》のときの大永《だいえい》三年（一五二三）に北条氏に改称し、上杉氏との抗争を展開していく。そして三代目の氏康《うじやす》のときに関東上杉氏を没落させ、上杉氏に取って代わる。しかしその直後から、それに対抗して関東に進出してくるのが、上杉謙信であった。

謙信は関東上杉氏の家名を継いで、関東の政治秩序の体現者たらんとして、北条氏とのあいだで二十年近くにわたって抗争を繰り広げる。北条氏と上杉氏との関東支配をめぐる抗争は、天正《てんしょう》六年（一五七八）の謙信の死去まで続いていく。

北条氏が誕生してから上杉謙信の死去まで、関東ではいわば北条氏と上杉氏が、その覇権を争うかたちで抗争が展開された。じつに五十五年におよぶものであった。それはちょうど、戦国時代の中盤から後半期にあたるものとなる。

当初はまだまだ室町的秩序が根強かったが、その展開のなかで、しだいに戦国時代独自の論理の展開、すなわち領域国家が展開していくようになる。それとともに、甲斐《かい》武田氏が関東政界に参加したり、北条氏に対抗する勢力が謙信や武田氏を関東政界に呼び込み、やがては常陸《ひたち》佐竹氏を中心に関東自前の政治勢力を形成していくなど、政治構造そのものが変質していくことになる。

本書では、そのような戦国時代のなかで進められた社会構造や政治構造の転換の過程を、北条氏と上杉氏との抗争を軸にして、関東政治史の展開を明らかにするなかから、具体的に描き出していくことにしたい。またそのことによって、大名同士の戦争を規定する国《くに》衆《しゅう》の存在、そもそもにおける戦争の要因や背景、さらには地域的な抗争がしだいに広域化していく状況など、戦国時代の政治動向の基本的な構造についても、具体的に認識することができるであろう。戦国大名はどのような理由で戦争を繰り広げるのか、そこで何を思っていたのか、等身大の戦国大名の姿にも接していただけるものと思う。

プロローグ 「日本の副将軍」対「関東の副将軍」

――北条氏への改称と関東管領家の誇り

関東上杉氏の地位

上杉氏は、室町《むろまち》時代を通じて、関東管領《かんれい》という役職を相承してきた存在である。室町時代、関東支配を管轄したのは、鎌倉府という政権だった。その頂点に位置したのは、鎌倉公方《くぼう》と称された足利《あしかが》氏の一族で、室町幕府の始祖足利尊氏《たかうじ》の末子の基氏《もとうじ》の子孫にあたる。関東管領というのは、いわばその補佐役で、基氏のときに上杉憲顕《のりあき》が就任して以降は、上杉氏のみが就任した。

そもそも上杉氏は、足利氏の外戚《がいせき》にあたっていた。足利尊氏の母は上杉頼重《よりしげ》の娘であった。先の上杉憲顕はその孫で、尊氏とは従兄弟《いとこ》の関係にあった。そのため上杉氏は、足利氏の被官にとどまらず、一門に準じた存在だった。公方足利氏と管領上杉氏というコンビによって、鎌倉府は運営された。鎌倉公方は関東における将軍の立場にあったから、その補佐役である関東管領は関東における副将軍の立場にあった。

関東上杉氏系図（数字は関東管領の代数）

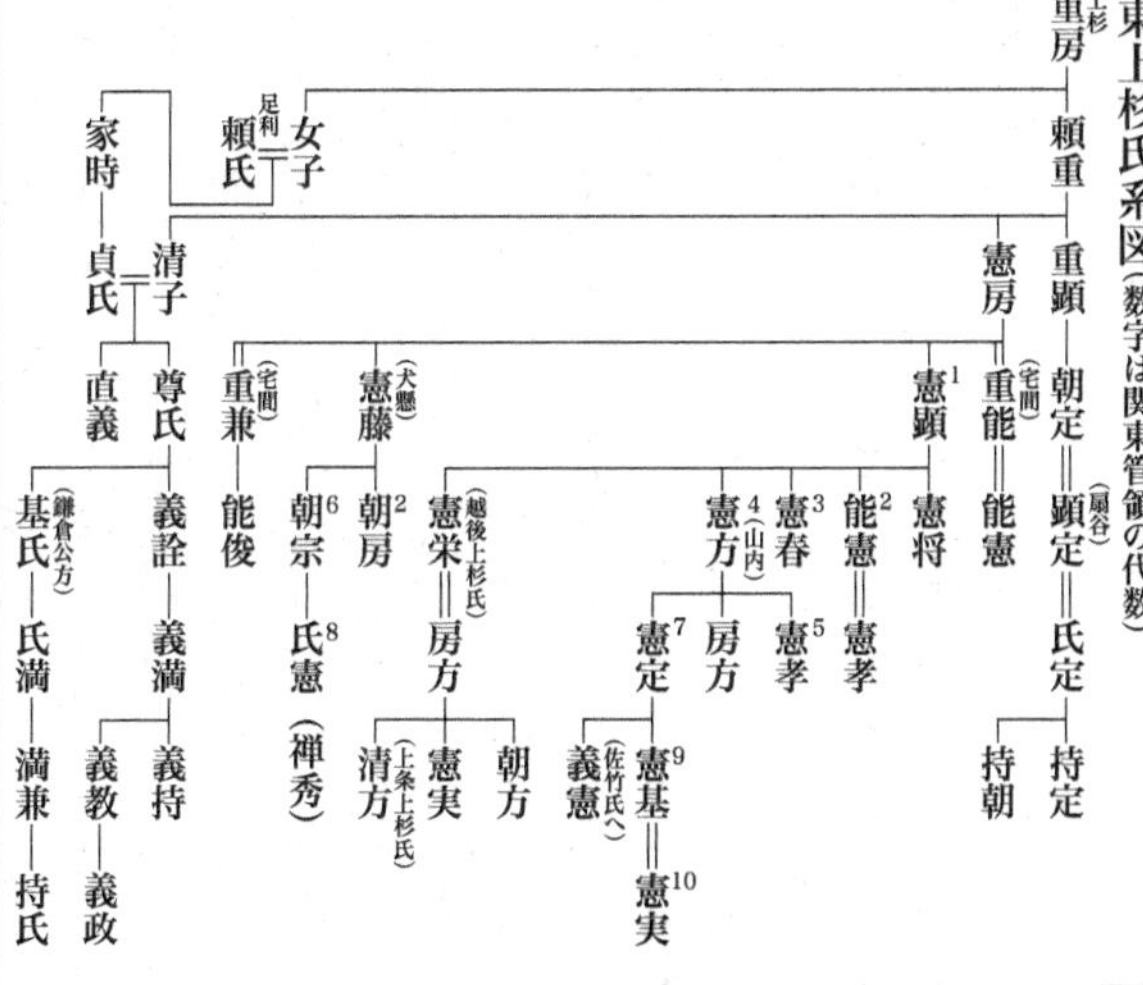

関東管領には、上杉憲顕の子孫の山内《やまのうち》上杉氏と、その弟憲藤《のりふじ》の子孫の犬懸《いぬがけ》上杉氏が、ほぼ交互に就任していたが、十五世紀前半の犬懸上杉禅秀《ぜんしゅう》の乱によって同氏が没落してからは、山内上杉氏のみが就任した。そのためその後において、関東管領職は山内上杉氏の当主が代々務めることになり、その家職となった。

十五世紀後半から、関東では享《きょう》徳《とく》の乱《らん》（一四五五～八二）という内乱が展開した。公方足利氏と管領山内上杉氏との全面戦争である。京都で応仁《おうにん》・文明《ぶんめい》の乱《らん》が起きるよりも十数年前のことである。この享徳の乱によって、鎌倉府は事実上、崩壊した。公方足利氏は下総古河城《しもうさこが》（茨城県古河市）を本拠として古河公方と称されるようになり、また山内上杉氏も武蔵《むさし》を本拠にした。これによって関東を統一して支配する政権はなくなり、そのまま戦国時代に突入していくことになる。

同時に、関東管領であった山内上杉氏も、事実上、戦国大名になっていった。享徳の乱以降、山内上杉氏は上野《こうずけ》と武蔵北部を領国化していった。これに対して、武蔵南部と相模《さがみ》を領国化していったのが、その有力一族の扇谷《おうぎがやつ》上杉氏だった。

この扇谷上杉氏というのは、山内上杉氏の始祖憲顕の父憲房《のりふさ》の長兄にあたる重顕《しげあき》の子孫の一流に位置した一族である。重顕の嫡流は、室町幕府に仕える京都上杉氏といった。扇谷上杉氏はその分家にあたり、嫡流とは異なって鎌倉公方に仕えていた。そして犬懸上杉氏の没落後に、それと入れ替わるようにして、鎌倉府のなかで台頭してきた存在だった。

扇谷上杉氏といっても知る人は少ないだろうが、戦国初期の代表的な武将として知られる太田道灌《どうかん》の主家、といえば少しは反応される方もいるだろう。扇谷上杉氏は、まさにその太田道灌の活躍によって、関東上杉氏の惣領家《そうりょうけ》にあたる山内上杉氏に肩を並べるほどの存在となっていったのだった。戦国時代初めは、この二つの上杉氏が関東で代表的な戦国大名だった。

伊勢宗瑞（北条早雲）の出現

北条氏系図

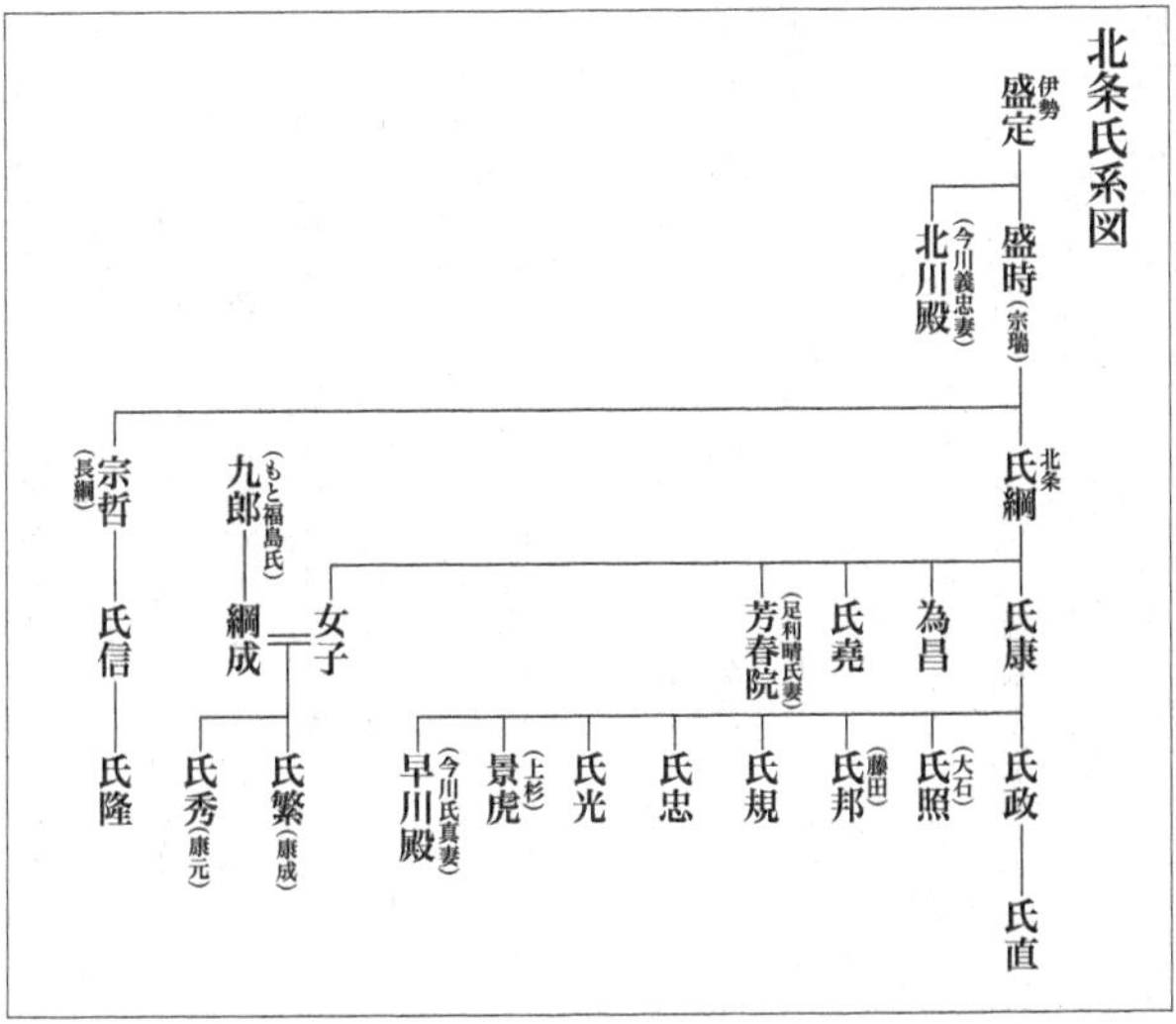

戦国時代前期の関東の政治史は、この両上杉氏の領国を、新興の北条氏が経略していくというものだった。北条氏の始祖伊勢《いせ》宗瑞《そうずい》は、よく知られているように、もともと関東の出身ではなかった。ただ氏素性のわからない素浪人というのは明治時代に唱えられた学説であり、現在では室町幕府奉公衆《ほうこうしゅう》の伊勢氏の一族だったことがわかっている。

　奉公衆というのは、将軍家の親衛隊ともいうべき存在である。他面において、室町幕府の行政官でもあった。だから伊勢宗瑞は、現代でいえばエリート官僚の一員といったところだった。伊勢氏の本宗家は、室町幕府の行政機関にあたる政所《まんどころ》という役職の長官である、政所執事《しつじ》という立場を家職とした存在だった。

宗瑞の家系はその庶流で、備中荏原庄《びっちゅうえばらのしょう》（岡山県井原市）に本領をもつ、備中伊勢氏と称された一族の庶家だった。父の名は伊勢盛定《もりさだ》といい、その妻、すなわち宗瑞の母は、伊勢氏本宗家の伊勢貞国《さだくに》の娘だった。盛定は本宗家の婿であり、宗瑞は外甥《がいせい》だった。そのため盛定は当初から、備中伊勢氏の庶家ではなく、伊勢氏本宗家の一族として活躍した。もっとも備中伊勢氏とはいいながら、けっして備中が生活の本拠だったわけではなく、当時の奉公衆がそうであったように、京都での生活が基本だった。つねに将軍家に勤仕する存在だったからである。だから宗瑞も、京都で生まれ育った。

宗瑞は、長享《ちょうきょう》元年（一四八七）に、姉の嫁ぎ先の駿河《するが》今川氏の内訌《ないこう》に介入するため、京都から駿河に下ってきた。今川氏では、それより十一年前の文明《ぶんめい》八年（一四七六）に、姉北川殿の夫、今川氏当主だった義忠《よしただ》が戦死したことによって内訌が生じた。義忠には、嫡子として北川殿が生んだ竜王丸《たつおうまる》がいたが、まだ幼少だった。そのため今川氏の家臣やそれに従う国衆《くにしゅう》の多くは、義忠の従弟にあたる小鹿今川範満《おしかいまがわのりみつ》を擁立し、両派による抗争が起こった。それに、伊豆を領国としていた堀越公方《ほりごえくぼう》足利氏と、相模・武蔵南部の扇谷上杉氏が介入し、両者の支援を得た範満が勝利して、家督を継いでいた。竜王丸派は政治的に敗北し、以後は事実上、隠遁《いんとん》生活を強いられた。このとき、範満勝利をもたらした最大の要因は、扇谷上杉氏の家宰《かさい》（当主の代行かつ家臣の代表）だった太田道灌の進軍だった。

ところが、それから十年後に、その太田道灌が主人の扇谷上杉定正《さだまさ》によって誅殺《ちゅうさつ》されるという内訌が起こった。そしてそれを契機にして、翌年の長享元年から、関東では山内上杉氏と扇谷上杉氏との抗争が展開された。これを長享の乱（一四八七～一五〇五）といっている。

宗瑞が駿河に下向したのは、そうした状況のなかだった。そして最大の支援者を失った範満に対し、竜王丸派は反撃に出て範満を討ち取り、竜王丸が今川氏の家督を継いだ。これはクーデターにほかならない。この竜王丸こそ、元服した後の名を今川氏親《うじちか》といい、戦国大名今川氏の事実上の祖にあたる。

宗瑞の駿河下向は、彼の甥《おい》にあたる、氏親のクーデター実現のためだったと考えられる。そして以後は、氏親の叔父《おじ》として、まさに今川氏の中心的存在として活躍した。そうした過程で、明応《めいおう》二年（一四九三）から隣国の伊豆に侵攻し、堀越公方足利氏を没落させて、同七年（一四九八）に伊豆一国の経略をとげた。宗瑞は、そのまま伊豆一国を自身の領国とし、韮山《にらやま》城（静岡県伊豆の国市《くにし》）を本拠にした。その後は、「韮山殿」と称され、伊豆国主として戦国大名の仲間入りをとげた。堀越公方足利氏は山内方だったから、宗瑞は伊豆侵攻にあたって扇谷上杉氏と同盟を結んだ。その後、文亀《ぶんき》元年（一五〇一）までに、宗瑞は相模西郡の国衆大森氏を滅ぼし、同郡を領国化するが、これは大森氏が扇谷上杉氏から離叛《りはん》して山内上杉氏に属していたため、扇谷上杉氏に味方しておこなわれたものだった。

ところが永正《えいしょう》六年（一五〇九）から、宗瑞は扇谷上杉氏に敵対し、その領国と、同時に山内上杉氏の領国への侵攻を開始する。また、それまで宗瑞は今川氏の権力構成員としてつねに今川氏の戦争に参加し、総大将を務めるなど、その中心に位置していたが、その後そうしたことはみられなくなる。

このあと、宗瑞はもっぱら両上杉氏領国の経略を進めていき、永正十三年（一五一六）には扇谷上杉氏から相模一国を経略、武蔵南部にまで進出していった。その後、同十五年（一五一八）に宗瑞は隠居し、氏綱《うじつな》が当主になった。

これは古河公方足利氏の内部抗争から生まれた、下総小弓《おゆみ》城（千葉県千葉市）を本拠にした新たな政治勢力である、小弓公方足利氏の成立にともなうものであった。それまで厳しく対立していた扇谷上杉氏とも同じ陣営に属したため、同氏とのあいだで和睦《わぼく》が成立された。また氏綱が当主になったことで、それまで氏綱が在城していたとみられる、相模西郡の小田原城（神奈川県小田原市）が新たに伊勢氏の本拠になった。

北条氏の誕生

宗瑞から氏綱への代替わりと、扇谷上杉氏との和睦によって、足かけ十年におよんだ両者の抗争は終息を迎えたかにみえた。しかし、それはあくまでも束《つか》の間の和平にすぎなかった。両者の抗争が再開された時期については、はっきりとしていない。だが、五年後の大永《だいえい》三年（一五二三）の六月から九月までのあいだに、氏綱が名字を伊勢氏から北条氏に改称していることは、その大きな画期にあたっていたことは間違いない。

北条の名字は、鎌倉幕府執権《しっけん》を相承した北条氏に倣ったものだった。そのため戦国大名北条氏は、それと区別するために、後北条氏《ごほうじょうし》とも称されている。

執権北条氏は、代々相模守の受領名《ずりょうめい》（国名の官職）を称していた。相模国の長官という意味である。別の表現をすれば「相模国主」となる。氏綱が注目したのは、この「相模国主」という地位だった。室町時代では、国主の地位はたいてい守護職によって表現された。このころでいえば、相模国守護の地位にあった扇谷上杉氏が「相模国主」と認識されていた。

しかし現実には、扇谷上杉氏はすでに相模を支配しておらず、武蔵河越城《かわごえ》（埼玉県川越市）を本拠に「武蔵国主」と認識されていた。それでも正当な「相模国主」となると、扇谷上杉氏が認識された。一方の伊勢氏は、もともと他国の出身であったから、関東の敵対勢力はこれを「他国の逆徒《ぎゃくと》」、よそ者の侵略者というレッテルを張って非難していた。現実には、伊豆・相模二ヵ国と武蔵南部までを領国にしていたが、関東の政治勢力からは容易にその立場を承認されなかった。

氏綱が北条名字に改称したのは、関東において伝統のある、そして前代の鎌倉時代において「相模国主」の地位にあった、北条氏の名字を名乗ることで、そうした現実における立場を政治的に表現しようとするものだった。それによって、ほかの政治勢力からの「他国の逆徒」という非難をかわそうとしたのだった。

しかも名字の改称の効果は、それだけにとどまらなかった。北条の名字は、鎌倉時代における「相模国主」の名字としてだけでなく、「日本の副将軍」の名字として認識されていた。鎌倉幕府将軍家の補佐役としての執権職を家職としていたからである。これが、「関東の副将軍」だった上杉の名字に十分に対抗することができる、政治的な正当性をもたらした。北条の名字に改称した翌年の大永四年（一五二四）正月から、氏綱は両上杉氏の領国への大々的な侵攻を開始していく。以後、氏綱はひたすら両上杉氏領国の経略を進めていくが、その際に北条名字がもっていた「日本の副将軍」としての性格が、「関東の副将軍」上杉氏に対抗していくうえで大きな意味をもってくるのである。

第一章　北条氏綱と両上杉氏の抗争

北条氏と両上杉氏の領国範囲

大永《だいえい》四年（一五二四）正月、北条氏綱《うじつな》は多摩川を越えて、扇谷家《おうぎがやつけ》領国への本格的な侵攻を展開する。すでに氏綱は、父宗瑞《そうずい》の段階で領国となっていた伊豆《いず》・相模《さがみ》・武蔵久良岐郡《むさしくらきぐん》（横浜市南部）に、武蔵小机《こづくえ》領（横浜市北部・川崎市）を加え、多摩川南岸まで領国を広げていた。

さらに侵攻開始の直前までには、相模最北の国衆《くにしゅう》で津久井《つくい》城（相模原市）の内藤大和《ないとうやまと》入道《にゅうどう》、武蔵多摩地域の国衆で由井《ゆい》城（八王子市）の大石道俊《おおいしどうしゅん》、戸倉《とくら》城（あきる野市）の小宮朝宗《みやともむね》、勝沼《かつぬま》城（青梅市）の三田政定《みたまささだ》を従属させていた。このうち、内藤氏は元扇谷家の重臣、大石氏は元山内家《やまのうちけ》の重臣、小宮氏・三田氏は山内家に従属していた存在であった。氏綱は彼らを服属させたことで、その領国を一気に武蔵中部にまで拡大し、山内・扇谷両上杉氏に匹敵する領国を形成していたといってよい。氏綱はときに三十八歳であった。

対する上杉氏については、山内家の当主は憲房《のりふさ》で、ときに五十八歳。上野平井《こうずけひらい》城（藤岡市）を本拠に、上野のほぼ一国、下野足利《しもつけあしかが》領（足利市）、武蔵北部を領国としていた。扇谷家の当主は朝興《ともおき》で、ときに三十七歳。氏綱とは一歳違いでしかない。武蔵江戸《えど》城（千代田区）を本拠に、武蔵河越《かわごえ》地域（川越市周辺）・松山《まつやま》領（東松山市周辺）、下総葛西《しもうさかさい》領（葛飾区周辺）を領国としていた。とはいっても、それぞれが直接に支配する領国は本拠や有力

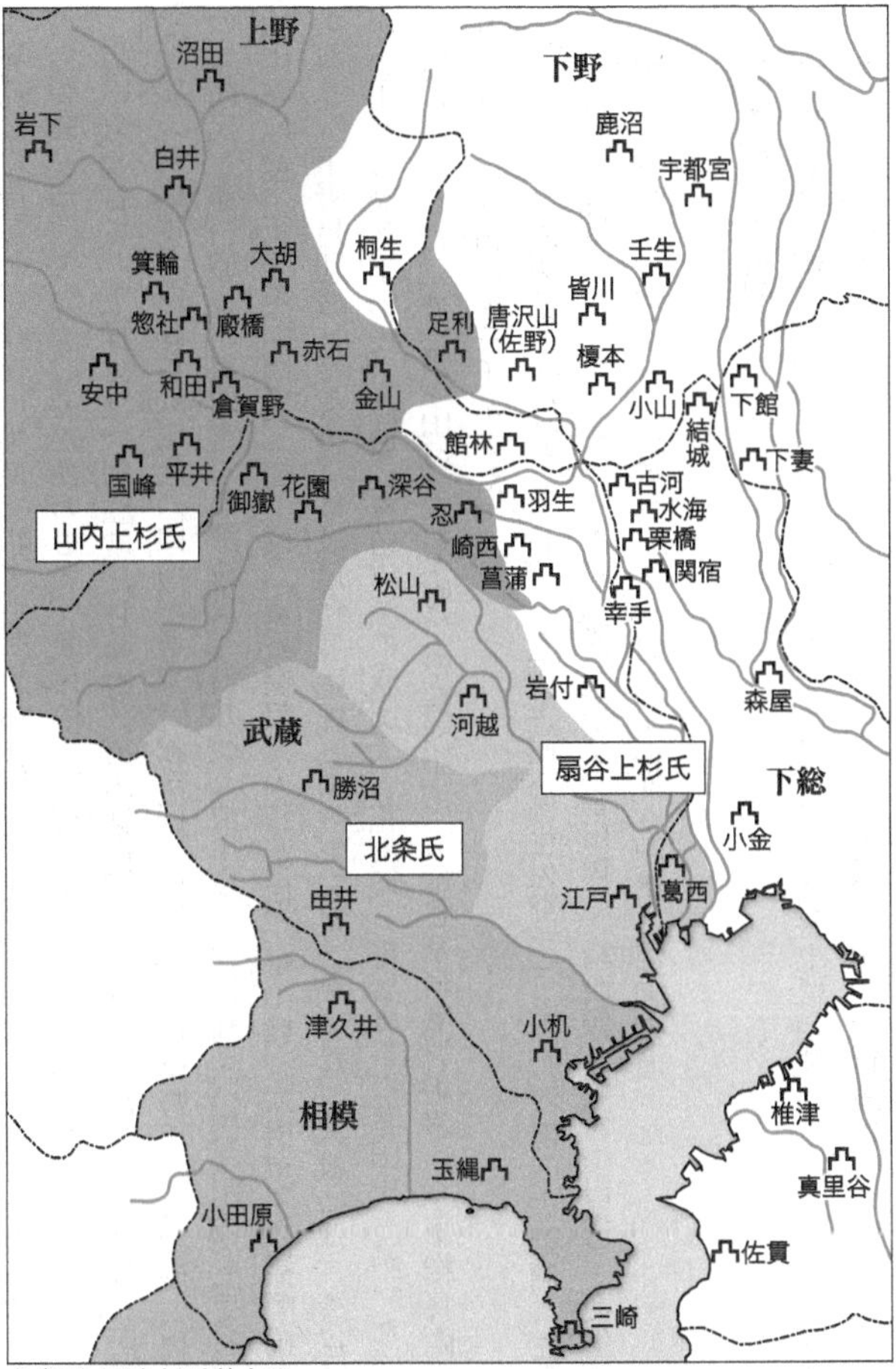
上野
沼田
岩下
白井
箕輪
大胡
惣社
厩橋
赤石
安中
和田
倉賀野
金山
国峰
平井
御嶽
花園
深谷
山内上杉氏
下野
鹿沼
宇都宮
桐生
壬生
皆川
足利
唐沢山
（佐野）
榎本
小山
結城
下館
館林
下妻
羽生
古河
水海
忍
崎西
栗橋
菖蒲
関宿
松山
幸手
岩付
森屋
河越
武蔵
扇谷上杉氏
下総
勝沼
小金
北条氏
江戸
葛西
由井
津久井
小机
相模
椎津
玉縄
真里谷
小田原
佐貫
三崎
北条氏・両上杉氏勢力図

支城周辺に限られ、ほかの地域は宿老《しゅくろう》や国衆の領国であった。少し煩雑になるが、両家の勢力範囲を知っておく必要があるので、具体的にあげておくことにしよう。

山内方として、上野には、国峰《くにみね》城（甘楽《かんら》町）の小幡《おばた》氏、箕輪《みのわ》城（高崎市）の箕輪長野《ながの》氏、惣社《そうじゃ》城（前橋市）の惣社長尾《ながお》氏（山内家宿老）、厩橋《まやばし》城（同）の厩橋長野氏、大胡《おおご》城（同）の大胡氏、赤石《あかし》城（伊勢崎市）の那波《なわ》氏、白井《しろい》城（渋川市）の白井長尾氏（山内家宿老）、沼田《ぬまた》城（沼田市）の沼田氏、岩下《いわした》城（東吾妻町）の斎藤氏、金山《かなやま》城（太田市）の横瀬《よこせ》氏らがおり、下野足利城（足利市）には足利長尾氏（山内家家宰《かさい》）がいた。武蔵には、深谷《ふかや》城（深谷市）の深谷上杉氏、忍《おし》城（行田市）の成田《なりた》氏、花園《はなぞの》城（寄居町）の藤田《ふじた》氏らがいた。

扇谷方として、武蔵松山城（吉見町）の難波田《なんばだ》氏（扇谷家宿老）がおり、下総葛西城（葛飾区）には葛西大石《おおいし》氏がいた。

ちなみに上野東部の館林領（赤井《あかい》氏）・桐生領（桐生佐野氏）、下野西部の佐野領（佐野氏）、武蔵東部の岩付領（渋江《しぶえ》氏）・菖蒲《しょうぶ》領（佐々木金田氏）・崎西《きさい》領（崎西小田氏）・羽生《はにゅう》領（広田氏・木戸氏）などは、いずれも古河公方《こがくぼう》家に従う国衆の領国であった。

北条氏綱の武蔵侵攻

氏綱が扇谷家領国に侵攻する直前にあたる正月三日、扇谷上杉朝興は本拠の江戸城を出陣し、三年前の大永元年（一五二一）から抗争を続けていた山内上杉憲房との同盟交渉のため、有力支城であった河越城（川越市）に移っている。十日には家宰の太田永厳《えいげん》が、憲房が在陣する羽尾峰（滑川町《なめがわ》）に赴き、憲房のもとに出仕して、両上杉氏の和睦《わぼく》が成立している。この和睦交渉は前年から進められていたもので、年明けになってようやく実現したのだった。もし氏綱の侵攻を察知していたら、当主と家宰がともに本拠から後退することは考えられないから、これらは氏綱の出陣以前のことなのであろう。

そして氏綱は十三日、扇谷家の中枢が本拠を離れた隙をつくようにして、多摩川を越えて江戸地域に侵攻した。江戸城には扇谷家宿老の太田資高《すけたか》・資貞《すけさだ》兄弟が城代として留守を務めていたが、北条軍の侵攻を受けて、戦わずして開城。氏綱は難なく扇谷家の本拠の攻略をとげ、同城に在陣した。そのため、河越城に在城していた朝興は、翌十四日、同城の維持は困難と判断したのか後退し、支城の松山城（吉見町）に移っている。ついで十五日には松山城からも後退して、憲房が在陣する藤田陣（深谷市）に移り、憲房に合流している。氏綱に従う三田氏の領国は、河越城のすぐ西側にまでおよんでいたから、とうてい単独での抗戦は無理と判断して、憲房に支援を求めたのであろう。

さらに二月二日には、宿老の一人で石戸《いしと》城（北本市）の太田資頼《すけより》が離叛《りはん》して氏綱に従属、古河公方足利氏奉公衆の渋江右衛門大夫《えもんだいぶ》が拠《よ》る岩付城（さいたま市）を攻略した。同城には家宰太田永厳が援軍として入城していたらしく、永厳父子および渋江右衛門大夫はともに戦死した。

氏綱は、江戸城代太田資高、石戸城主太田資頼という、扇谷家有数の宿老の服属を受けて、江戸地域と岩付領の攻略を瞬く間に果たした。しかし扇谷家も簡単には引き下がっていない。そのころには、かねてより北条氏と敵対関係にあった甲斐武田信虎《のぶとら》に支援を要請し、二月七日にはそれを容《い》れた信虎が、氏綱の領国の相模津久井領（相模原市）に軍勢を侵攻させている。氏綱は、扇谷家との抗争の一方で、山内家と武田氏とも抗争していくことになった。

そうしたなか氏綱は、古河公方足利高基《たかもと》への接近を図り、宿老筆頭の遠山直景《なおかげ》が起請文《きしようもん》を提出している。それまで氏綱は、扇谷家とともに小弓《おゆみ》公方家を支える勢力で、古河公方家とは対立する関係にあった。他方の山内家は古河公方家を支える関係にあった。氏綱は両上杉氏と対戦するにあたって、古河公方家には敵対する意志のないことを示し、ひいては両上杉氏への支援の回避を狙ったのであろう。しかし高基は、氏綱がその一方で、三月二十日に足利氏の御一家にあたる渋川氏の蕨《わらび》城（戸田市）を攻略して、同氏を没落させていることなどから、その態度をまったく信用しなかった。

三月晦日《みそか》になって、武田信虎が武蔵秩父郡に進軍、山内上杉憲房と和睦を成立させる。こうして氏綱は両上杉氏・武田氏の連合勢力と対戦することになった。六月十八日に扇谷上杉朝興は反撃を開始し、まず河越城に帰還して、以後は同城を本拠にし、続いて江戸地域に侵攻する。しかもこのとき、朝興はみずからの人格を表す花押《かおう》の形を、北条氏の始祖宗瑞のものに類似したものに改めている。これは敵方の花押を奪うことで、北条氏に対する強烈な敵意と、その討滅の意志を世間に宣言するものであった。そして七月二十日には、武田信虎が太田資頼の岩付城を攻略、資頼は扇谷家に帰参した。

氏綱はまた山内家の進軍を阻止するため、その宿老で上野惣社城（前橋市）の長尾顕景《あきかげ》を離叛させていたが、顕景は山内家への帰参を嘆願、山内家勢力への影響力が強い越後《えちご》長尾為景《ためかげ》に仲介を依頼している。

こうした状況を受けて、憲房はついに武蔵への進軍を展開、朝興とともに十月十日に三田氏領国の最北端に位置する毛呂《もろ》城（毛呂山町）を攻撃した。江戸城に在城していた氏綱は救援のため出陣、城主毛呂顕繁《あきしげ》の寄親《よりおや》にあたる三田氏の本拠勝沼城に入って、三田政定と対応を協議した。そして山内家の家宰足利長尾憲長《のりなが》らと、氏綱の宿老遠山直景とのあいだで和睦が協議され、毛呂城を山内家に明け渡すことを条件に和睦が成立した。

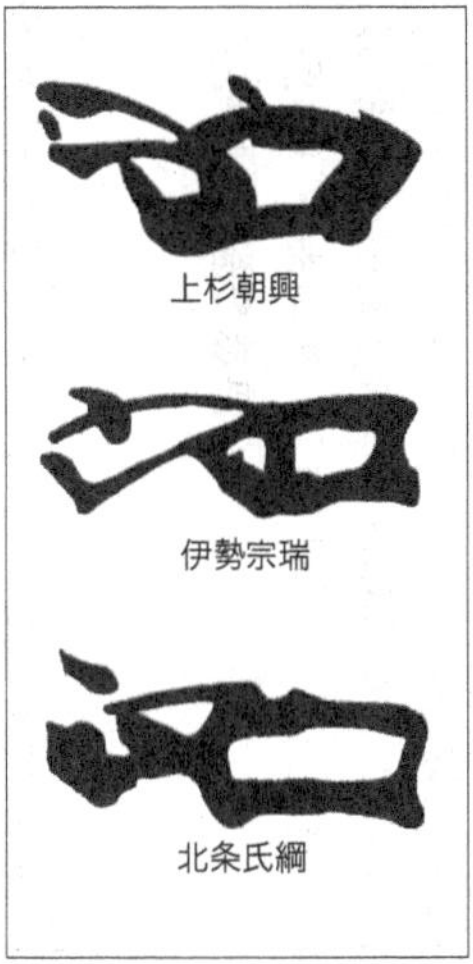

朝興・宗瑞・氏綱の花押

同時に氏綱は、武田信虎とも和睦を成立させている。氏綱は、両上杉氏の本格的進軍を受けて、他方における武田氏との対戦はむずかしいと考え、毛呂城を犠牲にして、双方と和睦を成立させることで、事態の打開を図ったのであろう。

氏綱包囲網の形成

明けて大永五年（一五二五）二月、氏綱はふたたび扇谷家領国への侵攻を進める。今度は前年に太田資頼によって没落させられていた渋江右衛門大夫の子三郎を、岩付城に復帰させることを名目としたものであった。氏綱は四日に出陣、六日には岩付城を攻略して、太田資頼を石戸城に後退させた。さらに渋江氏の同僚にあたる、古河公方家奉公衆で菖蒲城（久喜市）の佐々木金田氏も味方につけた。その後、氏綱は扇谷家に従う下総葛西城（葛飾区）の大石石見守《いわみのかみ》の攻撃を進めた。

上杉朝興はこれに対し、小弓公方家や越後長尾為景らにも支援を要請した。朝興は氏綱を「他国の凶徒」と激しく非難し、関東政治秩序の保守を訴えた。小弓公方家では、その有力な政治勢力であった上総真里谷《かずさまりやつ》城（木更津市）の武田信清《のぶきよ》がこれを容れて氏綱と断交し、両上杉氏を支援することを表明する。

真里谷武田氏と北条氏とは、前代の宗瑞以来の親交があり、北条氏が小弓方の陣営にあったのも、真里谷武田氏との関係にもとづくものであったが、ここにきて絶交することになった。それはまた、小弓公方家が反氏綱の立場をとることを意味し、真里谷武田氏とと

古河公方・小弓公方足利氏系図

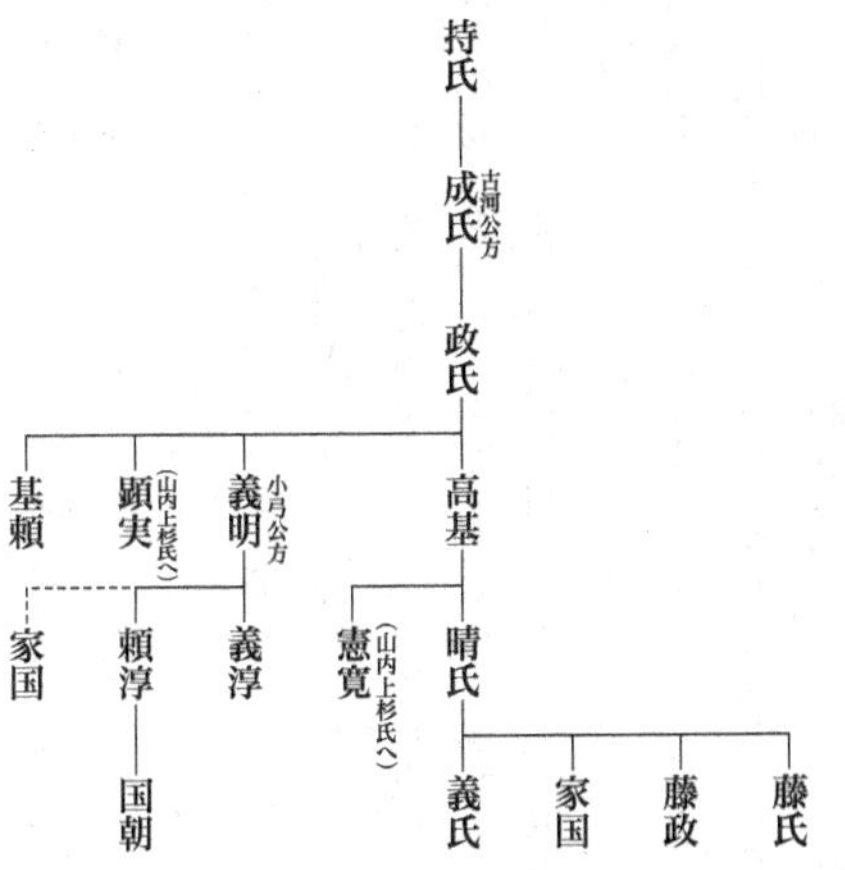

もに有力な勢力であった安房《あわ》の里見《さとみ》義豊《よしとよ》も氏綱に敵対した。また長尾為景も、それに続くようにして両上杉氏の支持を表明する。

こうした状況のなか、三月初めになって、山内上杉氏の養嗣子憲寛《のりひろ》が菖蒲城攻略のために上野平井城（藤岡市）から進軍してきた。当主憲房は同月二十六日に死去するから、すでに病態であったため、憲寛が代わりに出陣してきたのであろう。氏綱は長尾為景を頼って事態を打開しようとするが連絡がとれず、そのため武田信虎を通じて連絡をとろうとしたが、これもうまくいかなかった。

このころ、氏綱は信虎に礼銭《れいせん》として千貫文を贈っている。おそらく前年の和睦に応じてくれたことに対する礼金とみられる。千貫文は現在の金額にするとおよそ一億円にあたるから、かなりの金額といえる。和睦を結んだ場合、それを申し入れた側から礼金が支払われるものであったことがわかる。

しかし長尾為景はすぐに両上杉氏支援を表明し、武田信虎もやがて和睦を破って、ふたたび津久井城の攻撃を進める。氏綱はそれには、武蔵西部の国衆小宮朝宗を甲斐へ侵攻させて対抗している。そして八月二十二日、扇谷上杉朝興が江戸地域奪還に向けて河越城から進軍、氏綱は准一門の伊勢九郎を大将とした軍勢を遣わし、白子原《しらこはら》（和光市）で合戦となったが敗北、大将伊勢九郎が戦死するほどの大敗であった。

ちなみにこの伊勢九郎というのは福島《くしま》九郎とも称していた人物で、駿河《するが》今川氏の宿老福島氏の出身であった。宗瑞もしくは氏綱から一門の扱いを受け、旧名字の伊勢を与えられていた。のちに北条氏の一門として多くの軍事的な活躍をみせる北条綱成《つなしげ》は、その子とみられる。

大永六年（一五二六）五月に入って、扇谷家は小弓公方勢力と本格的な共同戦線を展開、朝興は蕨城を攻撃、小弓方の真里谷武田氏と里見氏の軍勢はそれを支援して、江戸湾沿岸部に侵攻してきた。氏綱は有効な支援をおこなえず、六月七日に蕨城は落城する。七月晦日になると武田信虎が甲斐郡内から今川・北条方の駿河御厨《みくりや》（御殿場市）に進軍している。そして九月になると、朝興は山内家と合流し、氏綱の領国へ軍を進め、両上杉氏は本格的な反攻を展開した。九月九日に多西郡《たさいぐん》と小机領の境目に位置する小沢城《おざわ》（川崎市）を攻略、さらに進んで十一月には相模東郡の拠点玉縄城《たまなわ》（鎌倉市）を攻撃、同時に小弓方の里見氏が海路から鎌倉を攻撃、鶴岡八幡宮《つるがおかはちまんぐう》を焼いている。氏綱は一転して、両上杉軍によって本来の領国部分に侵攻を受けるまでになっている。

こうして扇谷上杉氏・山内上杉氏・小弓公方勢力（上総真里谷武田氏・安房里見氏）・甲斐武田氏の軍事的連携が展開された。こうした状況は、まさに氏綱包囲網の形成といってよいであろう。それによって氏綱は思わぬ苦戦を強いられることになった。

ところが、このあと、大永七年（一五二七）から享禄《きょうろく》二年（一五二九）までの三年間について、氏綱の軍事行動はよくわからなくなる。しかし断片的な情報をみていくと、大永七年から古河公方家と小弓公方家との抗争が激しさを増し、そのなかで氏綱は小弓公方足利義明《よしあき》に従っていたようであるから（「秋田《あきた》重季《しげすえ》氏所蔵文書《しょぞうもんじょ》」）、小弓公方家に従う立場をとっていたとみられる。おそらく周囲を敵対勢力によって包囲された状況からの打開のため、小弓公方家に従うことで凌《しの》いでいたのであろう。

関東享禄の内乱

関東の戦乱は、享禄二年（一五二九）になると、ふたたび大規模化の様相をみせていく。その要因は、山内上杉氏と古河公方家とで内乱が起きたことにあり、周囲の政治勢力を巻き込む戦乱が展開された。これを「関東享禄の内乱」と名づけることにしよう。ところが残念ながら、その経緯についてはこれまで明らかにされていない。それは年代のわかる史料がほとんどないことによるが、以下ではわかる範囲でその状況をみていくことにしよう。

その年の正月、山内家の宿老白井長尾景誠《かげしげ》が同族の長尾八郎という人物に殺害された。事件の背景などはまったく不明だが、山内家の内部で対立が生じていたことがわかる。景誠には子がなかったため、その家督をめぐって家中で紛争が起きたが、義兄弟の箕輪長野業正《なりまさ》が収拾にあたり、惣社長尾顕景の三男景房《かげふさ》（のち憲景《のりかげ》に改名）を養子に入れ、足利長尾憲長の娘を妻にすることで決着をつけたらしい。これをみると、箕輪長野氏・惣社長尾氏・足利長尾氏が協調して事態解決にあたったことがうかがわれる。

そして八月になって、山内家当主の憲寛は、家臣の安中《あんなか》氏を討伐しようとした。これを聞いた扇谷上杉朝興は制止したが、憲寛は聞き入れず、安中（安中市）に出陣して討伐を進めた。そうしたところ九月になって、西氏・小幡氏ら西上野の家臣が、前代の憲房の遺児竜若丸（のちの憲政《のりまさ》）を当主に擁立し、憲寛に対して叛乱《はんらん》を起こした。

当主憲寛は憲房の実子ではなく、古河公方足利高基の子で、養子に入って家督を継いだ存在であった。竜若丸は大永三年（一五二三）生まれといわれ、父憲房が死去したときはわずか三歳であった。通説ではあまりに幼少のため古河公方家から養子が迎えられたとされるが、憲寛はすでに憲房の死去以前に養嗣子に迎えられていた。

小幡氏らは憲寛の在陣する安中陣を攻撃、憲寛は敗北して箕輪領の程田《ほとだ》（高崎市）に在陣し、長野氏一族がこれに従っている。そうすると、この背景には、長野氏と安中氏・小幡氏らとの対立があったのであろう。憲寛は長野氏を支持し、対立する安中氏の討伐を強行したのであろうが、山内家の家中にはそれに反対する勢力もあり、ついに竜若丸を擁しての叛乱になったのであろう。ほかの山内家の家中の動向についてはほとんど不明であるが、小幡氏に隣接する高田氏は憲寛方、花園城の藤田氏は竜若丸方というように、いずれかの陣営に属して内乱が展開されたことは間違いない。

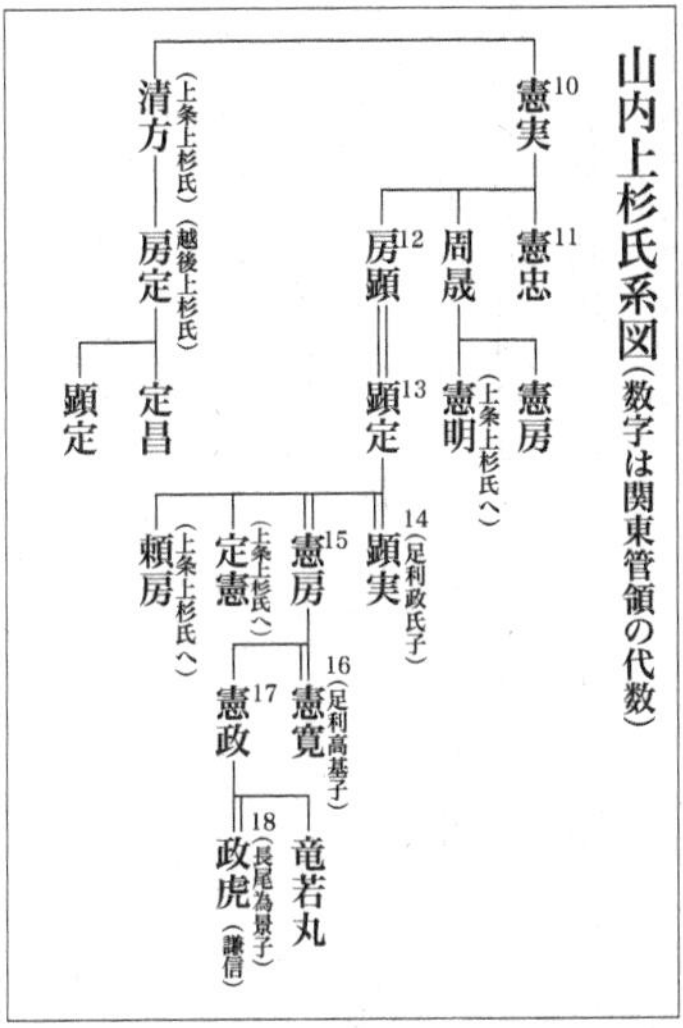

内乱は二年余にわたり、享禄四年（一五三一）九月三日、ついに憲政方の勝利が確定、憲政が山内家の家督を継ぎ、憲寛は没落した。

憲寛のその後について、当時の史料ではまだ確認されていないが、小弓公方家を頼り、晴直《はるなお》と名を改め、上総宮原《みやはら》（市原市）に居住して、宮原御所と称されるようになったといわれている。

もうひとつの内乱

もうひとつの古河公方家の内乱というのは、当主高基と嫡子晴氏《はるうじ》とのあいだで抗争が繰り広げられたものである。晴氏は享禄元年（一五二八）十二月に元服し、高基の後継者としての地位を確立したが、早くもその翌年ごろから高基とのあいだで抗争が展開されたらしい。というのは、享禄二年（一五二九）に小弓方の安房里見義豊が安房鶴谷八幡宮（館山市）を修造し、その棟札《むなふだ》に「鎮守府将軍」として晴氏の名をあげているからである。これは里見氏が古河公方として認識していたのが晴氏であったことを意味しているから、すでに高基と晴氏との抗争がこの年には始まっていたとみてよい。そして里見氏は、晴氏を支持していたとみられる。

高基と晴氏の抗争は、二年後の享禄四年（一五三一）六月には晴氏の勝利によって終結し、敗れた高基は「閑居《かんきょ》」、すなわち隠遁《いんとん》したようである。六月六日の日付で晴氏が奉公衆田代三輝斎《たしろきんきさい》に宛てた書状があり、そこに「茎の上様」、すなわち武蔵久喜《くき》（久喜市）に居住していた前公方足利政氏《まさうじ》（高基・義明の父）が病気を再発させたことが記されている（「秋田藩家蔵文書」）。政氏はその年の七月に死去するから、同年六月に晴氏が古河公方家当主になっていたことは間違いないと考えられる。

抗争のあいだの五月に、晴氏は高基が在城する古河城を攻撃、高基は下野小山小四郎《おやまこしろう》

(政長の嫡子)に支援を要請したり、六月に晴氏の古河城帰還が協議され、政氏やその四男基頼《もとより》、武蔵忍城の成田親泰《なりたちかやす》、下野宇都宮興綱《うつのみやおきつな》が晴氏方であったことが知られる（「豊前氏古文書抄」）。政氏・基頼と小弓公方足利義明とはかねてから連携していたから、この高基と晴氏の抗争にあたって、足利義明は晴氏に味方していたのであろう。そうすると、小弓方の里見氏が晴氏を公方として認識していたことも理解される。

山内家・古河公方家の内乱は、ともに享禄二年（一五二九）に始まり、同四年（一五三一）に終結をみて、山内家では憲寛が没落して憲政が当主になり、古河公方家でも高基が隠遁して晴氏が当主になった。終結は古河公方家のほうが三カ月ほど早く六月に、山内家では九月のことであった。二つの内乱が関連していたのかまではわからないが、山内方の忍《おし》成田氏が晴氏方であったから、関連していた可能性は高いであろう。その場合には、憲政と晴氏が、憲寛と高基が連携し、前者が勝利した、ということになろう。

この内乱のなか、北条氏と扇谷家の抗争も激しくなっている。享禄二年（一五二九）のうちに、扇谷上杉朝興は、北条氏に従う三田氏領の武蔵高麗郡吾名《こまぐんあがな》（飯能市）に侵攻し、吾名蜆城《あがなしじみ》を取り立てたらしい。そのため氏綱は、江戸城代遠山直景をその攻略に向かわせたが、翌三年（一五三〇）正月三日に扇谷軍の迎撃を受け敗北した。扇谷軍はそのまま追撃して南下し、同六日に多摩川沿いの世田谷城（世田谷区）・小沢城（川崎市）を相次いで攻略、同八日に江戸城を攻撃して根小屋《ねごや》（城下）を焼き、河越城に帰還している。

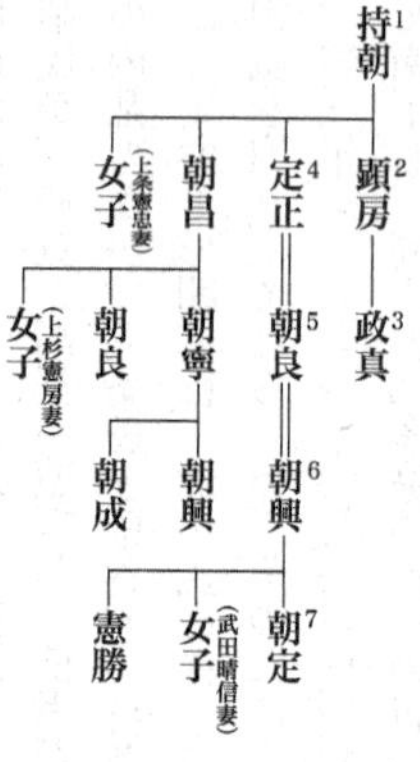

扇谷上杉氏系図（数字は家督の継承順）

しかもこのとき、朝興は武田信虎に支援を要請しており、それを容れた信虎は正月七日に郡内から相模津久井領に侵攻し、扇谷家と武田氏は連携して軍事行動を展開している。そして両者はこの年、朝興の叔母《おば》で山内家憲房の後室を山内家から取り戻し、信虎の妻にするという婚姻を結び、関係を強化している。氏綱への対抗のため、両者は本格的な同盟を結んだ。

これらに対し氏綱は、四月二十三日に甲斐郡内に侵攻、武田氏に従う郡内小山田《おやまだ》氏と矢《や》坪坂《つぼさか》（上野原《うえのはら》市）で合戦し、これを破っている。一方の扇谷家は、武田氏支援のためであろう、武蔵府中（府中市・調布市）に進軍してきたため、十六歳の嫡子氏康《うじやす》が迎撃にあたり、六月十二日に小沢原《おざわがはら》（稲城《いなぎ》市）で合戦、勝利している。これが氏康の初陣であった。

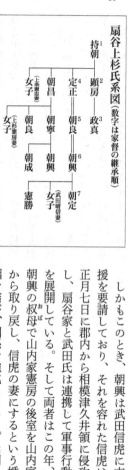

こうして、北条氏と扇谷家・武田氏の同盟軍との対抗という構図が明確なものとなってきた。翌享禄四年（一五三一）九月二十四日には、扇谷家の宿老太田資頼によって岩付城を攻略されてしまい、北条氏に従っていた城主渋江三郎は戦死している。扇谷家の領国は、入間川（現在の荒川）まで回復することになった。これらはすべて扇谷家と武田氏との協

同関係の効果であった。

　そして両家は、さらに天文《てんぶん》二年（一五三三）に、朝興の娘が信虎の嫡子太郎に嫁ぎ、両者の同盟関係は確固たるものとされている（ちなみに朝興の娘は翌年に懐胎死去してしまう）。信虎の嫡子太郎とはいうまでもなく、のちの武田晴信《はるのぶ》（信玄《しんげん》）であり、このとき十三歳であった。

氏綱による鶴岡八幡宮の修造

氏綱は天文元年（一五三二）五月から、鎌倉の鶴岡八幡宮の修造に着手する。鶴岡八幡宮はいうまでもなく、武家政権の創始者源頼朝《みなもとのよりとも》以来の、関東武家の聖地である鎌倉を鎮守する、関東武家の守護神である。その維持は、代々鎌倉の政権によって担われてきた。室町時代であれば、それは鎌倉府の仕事であった。ところが、応永《おうえい》年代末（一四二〇年代）以降の鎌倉府の分裂抗争、さらに享徳《きょうとく》の乱《らん》からの戦国争乱の展開によって鎌倉府が解体してしまったため、応永年代末以来その修築はおこなわれず、すでに一〇〇年近くが経っていた。氏綱は、鎌倉を支配する大名の責任として、その修造にとりかかることにしたのである。

　ところが氏綱は、本来その立場にはなかった。鶴岡八幡宮の修造は、鎌倉公方《かまくらくぼう》（当時は古河公方）と関東管領《かんれい》（山内上杉氏）の役割であったからだ。しかし、それらには修造する余裕などすでになくなっていた。それに対し氏綱は、父宗瑞が果たせなかった意志を継いで、鶴岡八幡宮と同じく関東武家政権の守護神であった相模の箱根《はこね》権現《ごんげん》、伊豆の伊豆山《いずさん》権現《ごんげん》、伊豆一宮《いちのみや》の三島《みしま》神社、相模一宮の寒川《さむかわ》神社、相模惣社《そうじゃ》にあたる六所宮《ろくしょぐう》神社など、伊豆・相模二ヵ国の有力神社の修造を相次いでおこなっていた。それら有力神社の維持は、地域の秩序と平和維持のために不可欠の仕事と認識されており、氏綱は伊豆・相模国主としての自覚のもとにそれをおこない、それにより内外にわたって自身の政治的立場の正当化を進めていた。

鶴岡八幡宮の修造もそれと同じ思惑からであった。鎌倉を支配している身として、自身こそがその立場にふさわしいと思っていたに違いない。しかし鶴岡八幡宮はたんなる有力神社にとどまるものではなく、関東武家政権の守護神であったから、それを保護することはすなわち、関東を支配する資格をもつことにほかならなかった。直接的には両上杉氏への対抗のためであった。関東の政治秩序の中枢に位置する両上杉氏との抗争を続けていくうえでも、それに遜色《そんしょく》のない、関東政界における政治的地位を築く必要があったのである。

鶴岡八幡宮の長官にあたるのが別当《べっとう》という役職であるが、これは初代古河公方となる足利成氏《しげうじ》が鎌倉公方に就任して以来、代々公方家の子弟がその地位に就くようになっており、公方家の御連枝《ごれんし》として「社家様《しゃけさま》」と呼ばれていた。

このとき別当職を管轄していたのが小弓公方足利義明で、彼は空然《こうねん》・宗斎などの法名でかつて別当職にあった。このときには、義明とは別に「社家様」と呼ばれる人物がいて、いまだ受法《じゅほう》を得ていないというから、元服前の少年であったことがうかがわれる（「快元《かいげん》僧都記《そうずき》」天文二年五月六日条）。おそらく義明の子と思われ、具体的な人名までは特定できないが、のちに別当職の管轄者として現れる家国《いえくに》にあたるのではないか。彼は江戸時代の系図では古河公方足利晴氏の子とされているが、別当職を継承しているのは彼しかいないから、本当は義明の子であったのかもしれない。

氏綱は修造にとりかかるにあたって、別当職を管轄する義明に申し入れ、その了解を得たうえで修造に着手している。そして氏綱は、天文二年（一五三三）二月に、自身に従う国衆、武蔵・上野の山内上杉氏配下の領主、房総の小弓公方配下の領主に対して、修造への奉加《ほうが》と普請人足の供出を求めた。このうち自身に従う国衆には、相模津久井の内藤朝行（大和入道の子）、武蔵由井の大石道俊、勝沼の三田政定、戸倉の小宮顕宗（朝宗の子か）、檜原《ひのはら》の平山《ひらやま》以清斎（宗連か）がいたが、彼らは資金などの奉加には応じたが、普請人足の供出は拒否している。普請人足を出すということは、北条氏の完全な家臣になるからであった。

他方、山内上杉氏配下の領主たちは資金の奉加には応じることを返事し、小弓公方配下の領主たちは一切を拒否している。山内上杉氏配下の領主たちは氏綱とは直接に抗争を展開していないため、主人山内上杉氏も関東管領としての威儀を保つために、それに協力する姿勢をとったのかもしれない。かたや小弓公方配下の領主たちは氏綱と直接に接しているため、その要求に応じることは氏綱の配下に入ることを意味することになったから、拒否したのであろう。しかし数年後には、氏綱の軍事支援を求めて、下総千葉《ちば》氏や上総真里谷武田氏は奉加に応じるようになってくる。

氏綱としても、彼らの協力は最初からあてにしていなかったであろう。要請に応じればそのまま配下に従えればよいし、応じなくても家中《かちゅう》や領国の村々を動員して、すなわち氏綱の独力で修造をとげることで、みずからの国力を誇示することができるとともに、関東守護神の保護者としての政治的権威をまとうことができるという思惑だったろう。

房総での内乱

氏綱は天文二年（一五三三）三月から、執拗《しつよう》に小弓公方配下の房総の領主たちに鶴岡八幡宮の修造への協力を要請している。それが契機になったのか、七月から安房里見氏で内乱が始まる。すなわち、当主義豊が叔父の実堯《さねたか》と宿老筆頭の正木《まさき》通綱《みちつな》を謀殺、実堯の子義堯《よしたか》が義豊への叛乱を展開した。氏綱は義堯からの要請を受けて援軍を派遣、これに対して義豊は、扇谷上杉朝興に支援を要請。朝興はただちに江戸地域に侵攻するとともに、同盟者の武田信虎にも支援を要請、武田軍は九月には津久井に侵攻してくる。

しかし義豊は、その九月には安房から没落して、岳父の上総真里谷武田信清を頼って落ちた。また朝興は、義豊への側面支援であろう、十月から十一月にかけて相模中郡に侵攻して、大磯（大磯町）・平塚（平塚市）・一宮（寒川町）など、相模湾沿岸一帯を焼き払っている。

里見氏の内乱によって、小弓公方の勢力圏にも動揺が生じていく。天文三年（一五三四）閏《うるう》正月、氏綱の宿老で江戸城代遠山綱景《つなかげ》（直景の子）の進退が足利義明から問題にされている。くわしいことは不明だが、綱景に義明に対して問題となる行動があったのであろう。四月に、上総に逃れていた里見義豊が安房に侵攻するが、氏綱の支援を得た義堯の攻撃によって滅亡する。

これによって義堯は里見氏の家督を継承し、氏綱に従うようになる。五月には、義明が上総における反対勢力を討伐している。義堯の味方勢力の追討であろうか。義明にとって最大の支持勢力は真里谷武田氏であったが、当主信清が義豊に味方していた一方、庶家のなかには義堯に味方する者があり、真里谷武田氏にも分裂の様相がみえ始める。

そして十一月までに、当主信清、その嫡子大夫が相次いで死去したことで、真里谷武田氏でも内乱が生じていく。そうこうすると、下総千葉氏の宿老で小金《こがね》城（松戸市）の原基胤《はらもとたね》が義明から離叛した。その主人千葉昌胤《まさたね》についても同様であったろう。天文四年（一五三五）になると、千葉氏・原氏そして真里谷武田氏が、相次いで氏綱の鶴岡八幡宮修造に協力してくるようになる。それぞれの思惑から氏綱の軍事支援を求めるためであろう。氏綱が彼らから強く期待される存在になっていたことがわかる。六月になって、千葉氏・原氏は義明からかつて原氏の本拠であった小弓城の奪還を図るが、逆に返り討ちにあって大敗を喫してしまい、ふたたび義明に従うようになったらしい。

八月になると氏綱は、同盟者の駿河今川氏輝《うじてる》の求めに応じて、武田氏攻めのため甲斐郡内山中（山中湖村）に進軍、同地で武田軍を破る。一方で武田信虎は、扇谷上杉氏に支援を要請、上杉朝興は九月下旬から十月六日にかけて、またも相模湾沿岸に進軍、中郡から東郡にわたる一帯を焼き払った。これに対して氏綱は、朝興が退陣するとただちに反撃し、十月十三日に領国の軍勢に加え、安房里見氏・上総真里谷武田氏・下総千葉氏の軍勢を動員して、朝興の本拠河越城に向けて進軍、十五日に入間川（狭山市）で扇谷軍と衝突、これを破った。

氏綱と朝興の抗争は、ここしばらくは朝興が氏綱の領国に侵攻する状態が続いていたが、ここに氏綱は久しぶりに朝興の領国深くに侵攻、しかも合戦にも勝利した。氏綱は房総の国衆をも動員できるようになっており、その勢力の差は歴然としつつあった。

扇谷上杉氏の落日

天文五年（一五三六）三月に、駿河今川氏輝が急死したことで、今川氏では家督をめぐって、その兄弟でいずれも出家していた花蔵殿恵探《はなくらどのえたん》と善徳寺殿承芳《ぜんとくじどのしょうほう》（のちの義元《よしもと》）とのあいだで内乱が生じた。氏綱は五月になって承芳支援のために駿河に出陣し、六月に相手方の恵探を滅亡させて帰陣する。これによって承芳が今川氏の家督を継ぎ、還俗《げんぞく》して義元を名乗る。

しかし翌六年（一五三七）二月になって、義元はあろうことか父氏親《うじちか》の代から敵対し続けていた武田信虎と同盟を結び、その長女を妻に迎えてしまった。氏綱はそれについて義元から何らの断りもなかったため、これに激怒する。氏綱からすれば、今川氏と北条氏との関係は、氏親・宗瑞以来、五十年にわたって親密な関係が続いていたにもかかわらず、それをないがしろにする行為と受け止めたのである。

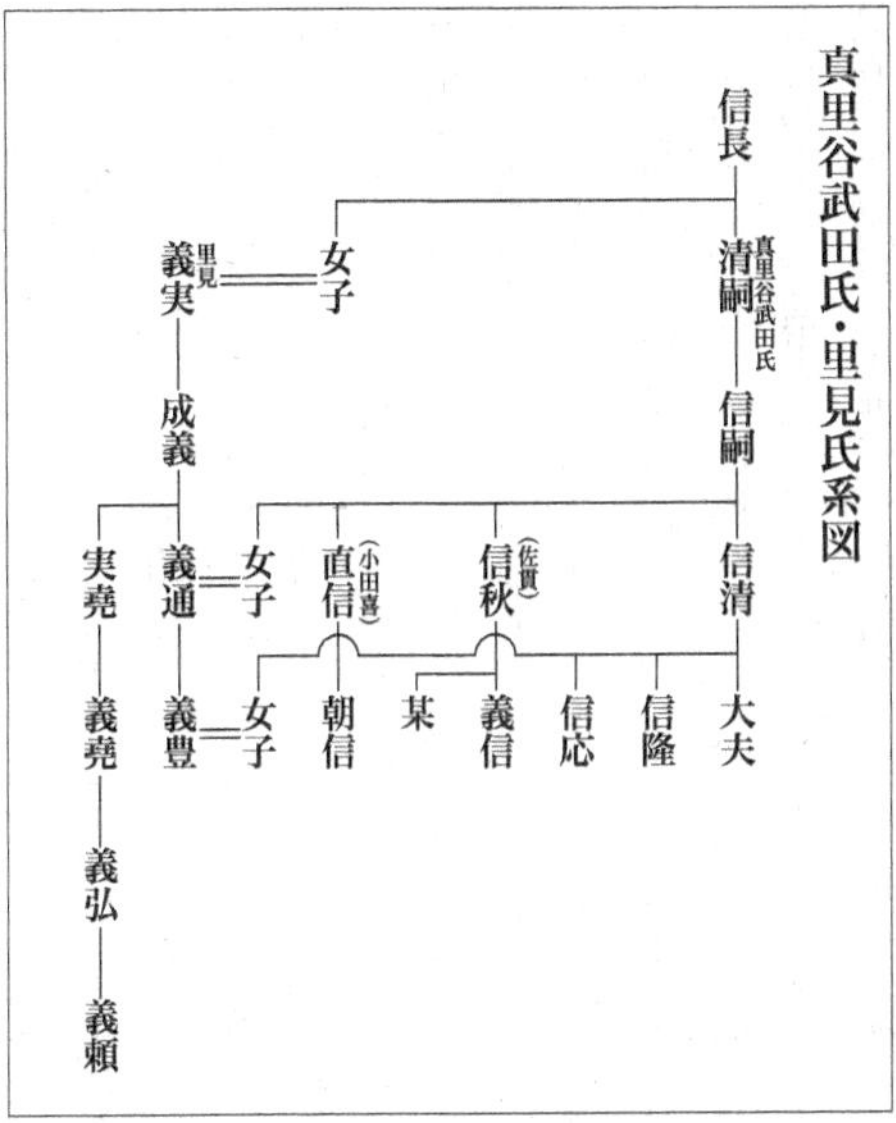

氏綱は二月末から駿河に出陣、富士川以東の河東《かとう》地域に侵攻し、

六月までには同地域の占領をとげる。ここに北条氏は、始祖宗瑞以来、婚姻関係をもとに長く盟友関係を維持してきた今川氏と、ついに全面抗争を展開することになった。それはまた、北条氏にとって、今川氏からの真の自立をもたらすことになる。そしてこの河東地域をめぐる北条氏と今川氏との抗争は、「河東一乱《かとういちらん》」と称され、子の氏康の代の天文十四年（一五四五）まで、およそ九年にわたって展開されていくことになる。

その間の四月二十七日、氏綱とは宿敵の間柄であった扇谷上杉朝興が河越城で死去した。享年五十歳であった。その家督は弱冠十三歳の嫡子朝定《ともさだ》が継いだ。朝興以来の家宰で松山城主の難波田《なんばだ》善銀《ぜんぎん》がそれを補佐した。

続いて五月になると、真里谷武田氏の内乱が激化し、氏綱に従う当主信隆《のぶたか》は、叔父で佐《さ》貫《ぬき》城（富津市）の武田信秋《のぶあき》を代表とする反対派によって本拠真里谷城を攻略され、峰上《みねがみ》城（富津市）に逃れた。氏綱は重臣大藤栄永《だいとうえいえい》らを支援のために派遣、大藤氏らは真里谷城奪還をめざして進軍し、向かい城として新地城を構築、敵方と対峙《たいじ》した。また援軍として里見義堯を動員、里見軍は百首《ひやくしゆ》城（富津市）に入った。これに対し、反対派は小弓公方足利義明に支援を要請し、義明はこれを容れて信隆方への攻撃に乗り出した。

氏綱は駿河での戦争にかかりっきりであったため、それ以上の支援を展開することができず、三城は義明に降伏するしかなかった。武田信隆は峰上城を信秋に明け渡して上総から没落、氏綱を頼って武蔵に移住した。真里谷武田氏の家督は、信秋の庶子が継ぐことになる。新地城の大藤氏ら北条軍は、義明の親類にあたる鎌倉東慶寺の住職を通じて助命を働きかけ、何とか帰陣させてもらうことができた。里見氏はこれを機に、義明に服属することになった。こうして真里谷武田氏と里見氏は、氏綱から離れて、ふたたび義明に従う存在となった。

この勢いのまま、義明は古河公方足利晴氏を攻撃するべく、六月になって、その宿老簗《やな》田《だ》氏の本拠関宿《せきやど》城（野田市）に向けて進軍し、七月には晴氏方とのあいだで合戦を展開している。かつて関東享禄の内乱の際は、両者は味方の関係にあったが、やはり古河公方と小弓公方とは相容《あいい》れない関係にあったということであろう。

この義明の進軍に応じるように、扇谷上杉朝定は勢力回復をめざして武蔵府中に進出し、神太寺《じんだいじ》城（調布市）を取り立てた。氏綱としては領国内部に築かれた敵方の拠点をそのまま放置しておくわけにはいかないから、駿河から帰陣すると、すぐに七月十一日にその攻略のために武蔵に向けて出陣、同城を攻略すると、そのまま河越城に向けて進軍した。

そして河越城南方の三木《みき》で迎撃のために出陣してきた扇谷軍と対戦となったが、難なくこれを撃破した。しかも大将であった朝定の叔父朝成《ともしげ》を生け捕りにするというおまけつきであった。主力軍が敗戦したため、朝定は河越城の維持は困難と考え、同城から退去し、家宰難波田善銀の本拠松山城に後退した。北条軍はさらに進撃して松山城の攻撃にあたった。

扇谷家の危機を受けて、山内上杉憲政は自身、救援のために出陣することを決し、八月初めにはその先陣として、武蔵国衆の成田氏・藤田氏に出陣を命じた。山内軍の出陣にともなって、北条軍は松山城攻撃から後退したと思われるが、河越城についてはしっかりと確保した。氏綱は三男の為昌《ためまさ》に、同城を与えてその支配を委ねた。

北条為昌は、相模玉縄城（鎌倉市）の城主で、同城管轄の相模東郡・武蔵久良岐郡の支配に加え、相模三浦郡と武蔵小机領の支配をも担当する有力な御一家《ごいっか》衆であった。じつに領国の半分近くの地域について、支配を管轄していたことになる。そのうえさらに、今度は最前線にあたる河越城の支配を委ねられることになった。彼は兄氏康の五歳年少で、まだ十八歳の青年にすぎなかったから、いかに彼が重用されていたかがうかがわれる。

いずれにしろ氏綱は、ここにようやく、扇谷上杉氏が享徳の乱以来、八十年余りにわたって、その本拠とし、あるいは重要拠点としてきた河越城の攻略をとげることに成功した。これによって扇谷家の領国は、朝定が拠る松山城、宿老の太田資顕《すけあき》（資頼の子）が拠る岩付城、大石石見守が拠る下総葛西城、という状況になった。かつて南関東の西部一帯を領国とした扇谷上杉氏の面影はもはやなくなっていた。

小弓公方家の滅亡

天文七年（一五三八）正月、山内家と扇谷家は河越城の奪還を図って協同して同城を攻撃するが、氏綱はこれを迎撃する。逆に二月二日にはその余勢を駆って、扇谷方の下総葛西城を攻撃、これを攻略する。その際、小弓公方足利義明が同城救援のために大井川（現在の江戸川）対岸の国府台《こうのだい》（市川市）まで進軍し、北条軍と対峙したという。この段階になって、氏綱は義明と明確に敵対関係をとることになったといえる。その一方、下総北部を領国とする千葉氏は、前年末には義明から離叛して、古河方の立場を明確にした。氏綱は千葉氏と結んだとみられ、同時に古河公方足利晴氏とも結ぶようになった。

　十月になると、義明は古河方領国への侵攻を図って、北上を開始、先陣は松戸《まつど》相模台《さがみだい》（松戸市）に布陣した。こうした状況に対し、晴氏は氏綱にその討伐を依頼、氏綱はこれを受けて十月二日に小田原城を出陣、六日に江戸城を出陣して、相模台と国府台の中間の松戸台（松戸市）に布陣した。そして七日、小弓軍からの攻撃によって合戦になった。これを第一次国府台合戦と称している。ちなみに第二次の合戦は、永禄《えいろく》七年（一五六四）に、氏康と里見氏らとのあいだでおこなわれる合戦をさす。

　合戦は氏綱の勝利に終わり、しかも足利義明・嫡子義淳《よしあつ》・弟基頼《もとより》ら小弓公方家の主要人物すべてが戦死するという大勝利であった。これによって永正《えいしょう》十五年（一五一八）以来二十年にわたって、南関東において公方家のひとつとして君臨してきた小弓公方家は事実上、滅亡し、義明のその他の遺児は安房里見氏を頼って安房に落ちていった。思えば小弓公方家の成立にともなって、氏綱は父宗瑞から家督を譲られて北条氏（当時は伊勢氏）の当主になったという事情があったから、氏綱はみずからが当主になる契機をつくった義明を歴史から葬ったかたちになる。

二つの関東管領家

この小弓公方家の滅亡にともなって、千葉氏では小弓城を奪還し、真里谷武田氏では氏綱に扶持《ふち》されていた前当主信隆の返り咲きが実現している。また古河公方家が関東足利氏の唯一の正嫡としての地位を確保することになった。そしてその戦功により、氏綱は晴氏から「関東管領職」に補任された。ここに氏綱は、公方家に次ぐ政治的地位を手中にした。いうまでもなく、同職はこれまで山内上杉氏の家職であったから、ここに二つの関東管領家が併存する事態になった。以後、北条氏は「管領家」として、ほかの大名層とは区別された特別な立場で遇されることになる。

さらに天文八年（一五三九）八月には、氏綱の娘（芳春院殿《ほうしゆんいんでん》）が晴氏の正室となる婚約が成立し、同九年（一五四〇）十二月に嫁いでいる。芳春院殿は以後、「御台様《みだいさま》」と称される。古河公方家ではこれまで正室をおいたことがなかったから、氏綱の娘が正室として入嫁したこと自体、北条氏の政治的地位の上昇を示している。

これによって北条氏は、古河公方家と親戚関係となり、それに対応して「足利氏御一家」の家格を認められることになる（その後の検討により、家格としての「御一家」にはなかったと考えられる)。これは公方足利氏の最高位の一門で、公方家に次ぐ政治的身分であった。室町時代には、本来の足利氏の一門だった吉良《きら》氏・渋川《しぶかわ》氏の二家しか認められておらず、戦国時代になって、上野新田領の新田岩松《にったいわまつ》氏、公方家から養子が入った山内上杉氏が新たに加えられていた。そして今回、それに北条氏が加わった。

こうして氏綱は、かつて「他国の逆徒」「他国の凶徒」など、よそ者の侵略者と非難されていたが、関東管領職への就任、「足利氏御一家」という身分に位置することで、関東の政治秩序のなかで明確な地位を獲得し、しかも公方家に次ぐ地位に就いた。むしろそうした政治秩序をリードする側になった。

関東の政治勢力からはもはや、よそ者と非難されることはなくなった。しかもこうして獲得した政治的地位は、山内上杉氏とまったく同等だった。いまだ関東管領職を家職としていた山内上杉憲政は健在だったから、いわば二人の関東管領が存在することになった。そして北条氏と山内上杉氏との抗争は、このあと「関東の副将軍」をめぐる抗争として表現されることになる。

氏綱の政治的地位の確立にあわせるように、天文九年(一五四〇)十一月二十一日には、同元年から進められていた鶴岡八幡宮修造事業の核心にあたる、上宮正殿(本殿)の遷宮《せんぐう》(落慶式《らっけいしき》)がとげられた。翌二十二日には記念式典として法事、舞楽がおこなわれ、氏綱は嫡子氏康、弟長綱《ちょうこう》(箱根権現別当)らの一門を従えて臨席、服装は指貫《さしぬき》に立烏帽子《たてえぼし》という正装であった。

氏綱はついに関東武家政権の守護神の外護者となった。その感慨はひとしおであったろう。これによって氏綱は、鶴岡八幡宮の供僧たちから「関東八ヶ国の大将軍」の資格を備える、とまで評されている。

第二章　北条氏康と両上杉氏の滅亡・没落

関東最大の大名、氏康登場

北条氏綱《うじつな》は、天文《てんぶん》十年（一五四一）七月十七日に、五十五歳の生涯を閉じる。その領国は、伊豆《いず》・相模《さがみ》・武蔵《むさし》半国・駿河《するが》河東《かとう》・下総《しもうさ》の一部におよび、下総千葉氏・上総《かずさ》真里谷《まりやつ》武田氏を従え、その勢力は山内《やまのうち》上杉氏をも超え、関東最大の大名となっていた。前年におこなわれた鶴岡八幡宮《つるがおかはちまんぐう》の上宮正殿遷宮は、まさに人生の絶頂を飾るとともに、その最後を飾るにふさわしい、一大イベントであったといえる。

氏綱が死去すると、家督は嫡子の氏康《うじやす》が継いだ。ときに二十七歳になっていた。対するうち、扇谷《おうぎがやつ》上杉朝定《ともさだ》は十七歳、山内上杉憲政《のりまさ》は十九歳であった。また敵対関係にあった大名のうち、駿河今川義元《よしもと》は二十二歳、甲斐武田晴信《はるのぶ》は二十一歳といずれも年少であったが、安《あ》房里見義堯《わさとみよしたか》は三十五歳と氏康より年長であった。

氏康が家督を継ぐ直前の六月、甲斐武田氏でクーデターが起き、晴信が父信虎《のぶとら》を今川氏のもとに追放し、みずから当主を継いでいる。その直後にあたる七月、山内上杉氏が信濃《しなの》小県《ちいさがた》・佐久《さく》二郡に侵攻している。ここは武田氏の領国になっており、武田氏によって本領を追われた小県郡の海野《うんの》氏が、山内家を頼ってきており、その本領復帰の支援のためであった。晴信はクーデター直後のため何ら対応できず、同盟者の信濃諏訪《すわ》郡の諏訪頼重《よりしげ》のみがこれに対抗したが、山内家と和睦《わぼく》を結んでしまった。そして、山内家は佐久郡の経略をとげる。山内家と武田氏は、前代の憲房《のりふさ》・信虎以来、友好関係にあったが、信濃領有をめぐって敵対関係になった。

氏康もまた、家督相続からわずか三ヵ月後の十月に、扇谷家から河越《かわごえ》城・江戸城への攻撃を受けている。なかでも河越城では二度にわたって攻撃を受けているが、在城衆の活躍によって何とか撃退している。この攻撃は、いわば氏康の代替わりの隙をついたものと考えられる。大名の代替わりにおいては、家中や村とのあいだで、さまざまな権利関係を結び直さなければならなかった。家中については所領の安堵《あんど》や特権の安堵がおこなわれ、村についてはそれへの課税額を決定する検地や棟別改めがおこなわれた。検地については、この年から天文十二年（一五四三）にかけて、ほぼ全領国規模でおこなわれている。

しかもそれだけにとどまらない。権利関係の競合などから多くの訴訟が提起されることにもなる。大名はそれらについて、できるだけ公正に対応することが求められた。一方的な処置をすると、いざというときに離叛《りはん》されることになるからである。代替わりにおいては、こうしたことを集中的に処理しなければならず、それをこなすことは大名にとってかなりきついことであったに違いない。

それとともに、攻撃の時期が収穫期にあたっていることも見過ごすことができない。しかもこの年は、隣国甲斐では一〇〇年のうちにもない大飢饉《だいききん》の年であった、といわれていることからすると、扇谷家の攻撃は飢饉のなかでのことであったとみられる。飢饉では自国の食糧や労働力の不足を、敵国に侵攻してそこでの掠奪《りやくだつ》によって補うのが常套《じようとう》手段になっていた。そうするとこの攻撃も、そうした掠奪を目的としていたものとみることもできるであろう。これに対して氏康は、十二月に反撃を展開し、山内家領国の武蔵本庄（本庄市）まで進軍している。このことからすると、先の扇谷家の北条領国への侵攻には山内家も協力していたのであろう。

氏康と武田晴信の和睦

天文十一年（一五四二）六月、山内上杉憲政は常陸《ひたち》鹿島大明神《かしまだいみようじん》（鹿嶋市）に、氏康追討のための願文を捧《ささ》げている。前年末、領国まで攻め入れられたことを受けてのものであろう。氏康は祖父宗瑞《そうずい》以来、三代にわたって関東の秩序を乱し続けており、そのままにはできない、しかし憲政は哀しいかな、武功を表すことができず、謀略も尽きてしまったので、神慮をもって決戦に勝利させていただきたい、というような内容のものである。憲政は、みずからの家系を「八州執政の家伝」と誇り、氏康に対する強烈な敵愾心《てきがいしん》を表している。

天文十二年（一五四三）になると、上総真里谷武田氏でふたたび内乱が展開された。真里谷武田氏の当主は信応《のぶまさ》（信隆《のぶたか》の弟）になっていたが、その一族・家中のあいだに深刻な対立が生じていた。大きくは当主信応と小田喜《おだき》城（大多喜町）の武田朝信《とものぶ》と、佐貫《さぬき》城（富津市）の武田信秋《のぶあき》を代表とする両派に別れ、それぞれ北条氏と里見氏を頼った。そして七月になると、北条氏と里見氏はともに軍勢を派遣、真里谷武田氏の領国をめぐって抗争を展開していった。

そのなかで北条氏は佐貫武田氏支配の峰上城《みねがみ》（富津市）を、里見氏は小田喜武田氏支配の小田喜城・勝浦城（勝浦市）、万喜《まんぎ》武田氏支配の万喜城（いすみ市）などを獲得している。さらにどういう経緯かはわからないが、支援要請してきた佐貫武田氏の本拠佐貫城までも獲得し、同城を本拠とするようになる。こうして真里谷武田氏の領国の多くは、援軍として出陣してきた北条氏と里見氏によって経略されてしまった。

このように、真里谷武田氏領国の領有をめぐって里見氏との抗争が本格化していくなか、天文十三年（一五四四）正月に、氏康は武田晴信との和睦を成立させている。その背景については明らかではないが、ちょうどその春（正月から三月）に、古河公方《こがくぼう》足利晴氏《はるうじ》が山内家の領国上野《こうずけ》に出陣し、氏康に従う武蔵西部の国衆《くにしゅう》小宮康明《やすあき》（顕宗《あきむね》の孫か）が従軍していることが注目される。しかも氏康は前年十一月に、晴氏に対して起請文《きしょうもん》を提出している。その内容は、晴氏は氏康を大事に思う、氏康は晴氏からの依頼事について全力で尽力する、という互いの関係を確かなものにすることを誓約しあったものであった。そのうえで直後の時期に、晴氏の上野出陣、氏康配下の国衆の従軍という事態が起きていることからすると、氏康は晴氏を押し立てて山内家との本格的な抗争にとりかかるようになったのではないか、と考えられる。

そして武田氏においても、先ほどみたように、すでに山内家とは敵対関係になっていた。いわば北条・武田両氏にとって、山内家は共通の敵になっていたのである。両家の和睦は山内家対策として結ばれたと考えてよいであろう。しかし、それだけではなかったろう。両上杉氏と里見氏との抗争を本格化させつつあった氏康にとって、今川・武田両氏との抗争は避けたいと考えるようになっていたと思われる。そのため、まず山内家対策を理由にして武田氏との和睦を成立させ、しかるのちにその仲介を得て今川氏との和睦成立にもっていきたいと考えていたのではないであろうか。他方の武田氏においても、信濃侵攻が本格化し、まさにそれにかかりっきりの状態になっていたから、やはり氏康との抗争は避けたいと考えていたに違いない。

こうした両者の思惑の一致から、和睦の成立にいたったと考えられる。これを受けて、氏康は四月に荒川端《あらかわばた》に出陣して山内家・扇谷家勢力と対戦し、九月には海路から安房に侵攻して、両上杉氏と里見氏との両方面にわたる抗争を本格化させていった。

駿河河東からの撤退

天文十四年（一五四五）の春になると、氏康は何度となく山内家領国への侵攻を展開したらしい。そうして五月には、山内方の有力国衆であった忍城《おし》（行田市）の成田長泰《ながやす》が、ついに山内家から離叛し、氏康に従属した。長泰は四月に父親泰《ちかやす》の死去にともなって家督を継いだばかりであり、当主の交替を機に大きく路線を変更することになったのであろう。

　これに対して憲政は、五月末に成田氏攻撃にかかるとともに、古河公方足利晴氏にも出陣を要請、晴氏からは近いうちに出陣するとの回答をもらったらしい。氏康は、成田氏支援のために援軍を派遣したとみられ、それが御一家衆（一門）の叔父《おじ》の久野《くの》北条宗哲《そうてつ》（元・箱根権現別当長綱《はこねごんげんべっとうちょうこう》）、妹婿の玉縄《たまなわ》北条綱成《つなしげ》らで、まずは河越城に入ったのではないかと思われる。

　そうしたところ七月初めになって、今川義元から氏康に対し、和睦の働きかけがあった。しかし条件が合意しなかったためであろう、実現しなかった。それを受けて同月二十四日、義元が氏康の占領下にあった河東に侵攻してきた（「為和集」）。氏康はすぐさま最前線の吉原《よしわら》城（富士市）まで進軍したようだが、九月九日に義元の要請を受けた武田晴信が同地に向けて出陣、十二日に先陣が富士郡大石寺《たいせきじ》まで進軍してきた。そうした状況を受けて氏康は、十四日に晴信に書状を送っている。おそらく吉原城からの退去を条件に、和睦の取り成しを申し入れたのであろう。そして十六日に同城を放棄し、伊豆三島（三島市）まで後退している（「勝山記《かつやまき》」）。

　しかしここでも和睦条件が合意しなかったのか、停戦は成立せず、義元は十九日に駿東《すんとう》郡《ぐん》に進軍してきた。しかも同日までに、北条方であった河東の国衆葛山氏元《かずらやまうじもと》（氏康の妹婿）が義元に従属してしまい、その十九日には同族の御宿《みしゅく》氏が在城する伊豆国境に近い長《なが》窪城(くぼ)(長泉町)を攻撃している。そして二十一日に、義元はその長窪に着陣する。さらに二十七日には駿河・伊豆国境の黄瀬川に架橋しているから、三島に向けても軍勢を進めたらしい。そうして同月末から十月半ばにかけて三島周辺で合戦がおこなわれた。

そうしたなかの九月二十六日、山内・扇谷両上杉氏が河越城に向けて侵攻、同城を包囲した。河越城の城主については、これまで北条綱成とみられることが多いが、河越地域は北条氏の直接支配領域で、宿老大道寺《だいどうじ》盛昌《もりまさ》が城代を務めていたと考えられる。綱成の在城は、両上杉軍侵攻の情勢を受けて、あらかじめ援軍として派遣されていたと考えられる。さらに援軍は綱成だけでなく、北条宗哲も在城したと伝えられている(「太田資武状《すけたけじょう》」)。当時、一軍の将を務める御一家衆は、この二人だけといっていいから、氏康は一方の主力を投入したかたちになる。まさに北条軍は二分された状態にあった。

氏康は両上杉氏との対戦を優先し、義元とは和睦を図り、十五日に晴信に仲介を依頼した。その仲裁のもと、二十日に長窪城の城主御宿氏を生害《しょうがい》させ、二十四日に憲政・義元・氏康の三和のための起請文を提出した。これを受けて晴信と義元とのあいだで協議が進められ、二十八日までのあいだに停戦をみた。なお二十九日に、晴信と義元は三箇条の契約を交わし、氏康と義元の和睦が破談した際の対応について確認しあっている。その後、十一月六日に長窪城から城兵は退去し、同城は義元に引き渡された。こうして、氏康は義元との和睦を成立させたが、同時に駿河からは全面撤退することになった。

河越合戦と扇谷上杉氏の滅亡

一方の河越城については、氏康と義元との和睦が成立した直後の十月二十七日、両上杉氏が古河公方足利晴氏の出陣を実現させている。両上杉氏は、五月の憲政の成田氏攻めの段階から晴氏に対して出陣を要請していたが、攻撃の対象が北条方の河越城になっても、引き続き出陣を要請し続けていたとみられ、それがようやく実現したのであった。それに対して氏康は、晴氏に何度も使者を派遣して、出陣せず中立を維持するよう要請していた。いったんはそのことの了承を誓約する御書を取り付けていたが、晴氏は扇谷上杉朝定の家宰難波田善銀《なんばだぜんぎん》らの説得を受けて翻意し、ついに氏康に敵対してくることになった。晴氏には、常陸小田氏など北関東の国衆が従軍している。衰えたりとはいえ、関東の将軍としての実質はまだまだ健在であった。

氏康は、このままでは晴氏に反抗するかたちになるため、翌天文十五年（一五四六）になって、河越城の城兵三千人の助命を求め、同城は明け渡すことを申し入れた。しかし晴氏側からは拒否されてしまった。他方で氏康は、敵方勢力の切り崩しを進めていたらしく、三月七日までに扇谷家の宿老で武蔵岩付《いわつき》城の太田資顕《すけあき》（法名全鑑《ぜんかん》）を味方に引き入れている。同氏は敵方の最前線に位置していたため、ちょうど河越城包囲陣には参加していなかった。岩付領は、南は江戸地域に接し、西は河越地域に接するという位置にあったから、これによって江戸から河越までのあいだの脅威は除かれることになった。

ここにきて氏康は、みずから河越城救援のために河越に向けて出陣することにし、四月十七日に相模江ノ島岩本坊《いわもとぼう》に戦勝を祈願している。そして河越城近くの砂窪《すなくぼ》に着陣した。氏康はまず、家臣諏訪左馬助《すわさまのすけ》を通じて、晴氏に従軍していた常陸小田政治《まさはる》の宿老菅谷隠岐守に、先の申し入れ内容を晴氏側に再度申し入れてもらうよう依頼したが、菅谷からは取り次げないと拒否された。そうした情勢を受けてであろう、憲政は二十日に全軍をもって氏康の陣に攻めかかった。氏康はこれを迎え撃つとともに、城内からは綱成らも出城して合戦におよんだらしい。

北条軍は両方面で勝利し、憲政の馬廻衆倉賀野《うままわりしゅうくらがの》三河守《みかわのかみ》をはじめ三千人を討ち取る大勝利をおさめた。そのなかには扇谷上杉氏の当主朝定やその家宰難波田善銀の姿もあった。合戦後、晴氏・憲政らは敗走した。当主を失った扇谷上杉勢は本拠の松山城に逃れたものの、追撃してくる北条軍の攻勢を前に、これも維持できないとみて放棄し、宿老の太田資正《すけまさ》（資顕の弟）らは上野新田領（太田市）の横瀬氏を頼って、利根川を越えて新田領に逃れている。これにより扇谷上杉氏は事実上、滅亡した。氏康は松山城を接収し、重臣垪和《はが》伊予《いよの》守《かみ》を在城させている（「太田資武状」）。

こうして氏康は、駿河半国の喪失と引き替えにしたこの合戦における勝利によって、祖父宗瑞以来の宿敵であった扇谷上杉氏をついに滅亡させ、同じ関東管領職にあった山内上杉氏に対しても直接に勝利し、その衰勢を決定づけた。さらに二十九日、氏康は晴氏に対して「君子逆道」と激しく抗議し、晴氏に対しても決定的に優位な立場を確保することになった。この合戦はまさに、関東の政治秩序を担う勢力の交代を決定的なものにしたのであった。

扇谷上杉氏勢力の消滅

河越合戦の直後の五月、里見氏が北条方の千葉氏領国に侵攻し、千葉氏御一家衆の椎崎《しいざき》城（山武《さんむ》市）の椎崎千葉氏、臼井《うすい》城（佐倉市）の臼井氏を離叛させている。里見氏は前年九月ごろに、氏康に和睦を働きかけ、駿河への援軍の派遣を申し出ていた。これに真里谷武田信応が強く反発し、その要請を受けて、逆に一軍を里見氏に差し向けるということがあった。里見氏の侵攻は、そうしたことへの報復であった。

これに対して氏康は、九月に入ると、かつて里見氏によって没落させられた佐貫武田氏の武田義信《よしのぶ》（信秋の子）を本拠に復活させることを名目に、里見氏が本拠にしている佐貫城攻略にかかった。それにあわせて千葉氏でも叛乱《はんらん》勢力の鎮圧をとげている。月末には落城寸前まで追い詰めたが、その隙をついて二十八日、新田領に逃れていた太田資正によって松山城を乗っ取られてしまった。そのため氏康は佐貫城攻撃から退陣することになった。里見氏は間一髪のところで滅亡を免れることができたかたちになる。天文十六年（一五四七）六月から、里見氏はふたたび千葉氏領国への侵攻を展開し、匝瑳郡《そうさぐん》・海上郡・香取郡など下総東部への攻撃を進めた。閏《うるう》七月、氏康は下総相馬郡に進軍しているが、千葉氏領国をめぐって戦乱が頻発していた状況がうかがわれる。

そのころ、武田晴信は信濃佐久郡に侵攻し、依田《よだ》一族の笠原清繁《かさはらきよしげ》の志賀城（佐久市）を包囲した。依田一族は山内家の家中のなかにも多く、西上野の領主とも親密な関係にあった。とくに上野高田城（富岡市）の高田憲頼《のりより》父子は、笠原氏と親戚《しんせき》関係にあったらしく、志賀城に入ってともに籠城《ろうじょう》した。そのため山内上杉憲政（河越合戦後は憲当《のりまさ》と改名）は、それへの救援として直臣を中心とした大軍を援軍として派遣した。山内軍は八月に入ると、碓氷峠を越えて信濃に入り、浅間山麓《さんろく》の小田井原《おたいはら》に着陣した。武田晴信は宿老板垣信方《のぶかた》らの軍勢を迎撃のために派遣、六日に合戦となり、山内軍は敗北を喫してしまった。そして十一日に志賀城も落城、援軍として入城していた高田父子も戦死した。こうして山内家と武田氏は、信濃領有をめぐって本格的に衝突していくことになった。憲政は、北信濃の大名村上義清《よしきよ》と同盟を結んでこれに対応していく。

その年の十月に、岩付城の太田全鑑《ぜんかん》が後継者がいないまま死去したため、岩付城は当主不在状態となる。そのため十二月九日、弟にあたる松山城の資正が、みずから岩付太田氏の家督を継ごうと、岩付城に討ち入って同城を攻略、松山城には同僚にあたる上田朝直《ともなお》を据えた。こうして松山領に続いて岩付領までもが、扇谷上杉氏の旧臣勢力によって経略されてしまった。

氏康はただちにそれらの攻略にとりかかったところ、上田朝直はすぐに従属してきた。氏康はそのまま岩付城攻略を進め、十三日に同城を包囲した。そして明けて天文十七年（一五四八）正月十八日、ついに資正も従属してきた。氏康は従属してきた上田朝直に対しては所領を安堵し、松山城については重臣垪和伊予守らを在城させた。太田資正については、岩付城とその所領・家臣すべてについて安堵した。これによって扇谷上杉氏勢力は、完全に消滅することになる。そして上田氏・岩付太田氏はともに、北条氏に従う国衆として存在するようになる。

山内上杉氏、越後へ逃亡

氏康は引き続いて、山内上杉氏領国の北武蔵・上野の経略を本格的に進めていく。天文十七年（一五四八）の十月以前には、西上野の山内家の有力被官で、国峰《くにみね》城（甘楽《かんら》町）の小幡憲重《おばたのりしげ》が内応し、十二月には小幡氏は山内家の本拠平井《ひらい》城（藤岡市）を攻撃している。ついに山内上杉憲政は本拠への攻撃を受けるまでになっている。

天文十八年（一五四九）七月以前には、北武蔵の有力国衆で、花園城（寄居町）の藤田泰邦《やすくに》、深谷城（深谷市）の深谷上杉憲賢《のりかた》の従属が確認される。ともに河越合戦による情勢の変化を受けて、氏康に服属してきたのであろう。このとき藤田泰邦は、領国西端にあたる秩父郡高松城（皆野《みなの》町）が山内方から攻撃を受けているため、氏康に援軍を求めてきている。山内方というのは、おそらく児玉郡御嶽《みたけ》城（神川町）の安保全隆《あぼぜんりゅう》の軍勢であろう。氏康の勢力が、一気に北武蔵から西上野におよぶようになったことがわかる。

ところが氏康の進撃は、ここでいったん停止する。天文十九年（一五五〇）四月に、領国で深刻な危機が生じたため、その対策に追われたからである。その危機とは、領国全域で、村々の成り立ちが立ちゆかず、百姓たちが自身の村から出て、ほかの村や町に移住してしまうという、深刻な百姓不足の状況が生まれていた、というものであった。氏康はそれに対し、秋作の耕作開始に間に合うように、さまざまな減税や、税制改革、裁判制度の改革、債務破棄の徳政をおこなうことによって、何とか領国の存立の維持を図っていた。

その危機を乗り越えたうえで、天文十九年（一五五〇）八月、氏康は深谷領の西側にあたる本庄城（本庄市）を取り立てている。本庄の地は、山内家家臣本庄氏の所領であった。このあと、本庄氏は忍成田氏の同心になるから、おそらく成田氏に従うようになったのであろう。そして氏康は、同城を拠点にして西上野への侵攻を開始している。

また、東上野の有力国衆で、新田《にった》金山《かなやま》城（太田市）の横瀬成繁《なりしげ》にも従属を働きかけている。これは岩付太田資正を通じて進められた。資正は、かつて河越合戦にともなう没落の際、新田領に逃れた経緯をもっていたように、横瀬氏とは知り合いの関係にあったから、そのつながりをもとにしたのであろう。横瀬成繁には、本庄城への参陣と、弟を人質として出すことを要求している。もっとも、横瀬成繁はただちには従属してきていないから、条件が合わなかったのか成功しなかったとみられる。同年十一月には、氏康自身が山内家本拠の平井城を攻撃している。このときは攻略まではいたらず、一年後の天文二十年（一五五一）十二月に江戸城に在城して、ふたたび平井城攻撃のための軍備を整え、出陣した。

なおこのとき、氏康は古河公方足利晴氏の宿老簗田《やなだ》晴助《はるすけ》と起請文を交換し、古河公方家との和解を果たしている。氏康が山内家本拠を直接に攻撃するような、山内家の勢力の決定的な衰退をみて、足利晴氏も氏康との関係修復を余儀なくされたことによろう。氏康と晴氏との関係は、河越合戦以来、険悪な関係が続いていた。これより以前の天文十七年（一五四八）、晴氏は長男幸千代丸の元服をおこない、室町幕府将軍足利義藤《よしふじ》（のち義輝《よしてる》）から一字を得て、藤氏《ふじうじ》と名乗らせて、後継者に定めていた。将軍への一字授与の申請は山内家・越後上杉氏のルートを通じておこなわれたもので、晴氏は山内方の立場にあった。

ところがこの天文二十年（一五五一）末までのあいだに、晴氏の正室で氏康妹の芳春院殿と、彼女と晴氏とのあいだに生まれた晴氏の末子、すなわち氏康には甥《おい》にあたる梅千代王丸（のち義氏《よしうじ》）は古河城を離れて、氏康の領国の下総葛西城（葛飾区）に居所を移していた。

この「葛西」の地については、江戸時代以来、鎌倉の葛西《かさいが》ヶ谷《やつ》といわれてきたが、最近の研究によって下総葛西城のことであり、さらに同城への入城がこれ以前のことであったことが明らかにされている。これは関東政治史の展開をみていくうえで重要な事実である。

こうして晴氏・藤氏父子とは別に、公方家の一員が独自に存在するようになっていた。氏康がこの梅千代王丸を独自に公方として担ぎ出すことは目に見えていた。そして頼みの山内家は衰退の様相を明らかにしていたから、晴氏は氏康との和解に応じるしかなかったといえる。

天文二十一年（一五五二）二月になって、氏康は山内方の最前線にあった御嶽城の攻撃にかかった。十一日から攻め寄せ、十五日には城の水の手を絶ち、城兵数千人を討ち取り、三月初めについに攻略した。城主安保全隆父子はわずか四、五人を従えるのみで降伏したという。同城には憲政の嫡子竜若丸が、おそらく憲政の名代として在城していたが、北条軍に捕縛されてしまった（二年後に伊豆で殺害される）。こうして武蔵全域が氏康の勢力下に入った。この御嶽城落城を受けて、東上野赤石城（伊勢崎市）の那波宗俊《なわむねとし》が氏康に従い、西上野の山内方国衆も那波氏に味方して相次いで氏康に従属してきた。また上杉憲政に近仕する馬廻衆も、憲政を見捨てて氏康に降伏、憲政は彼らによってついに平井城から追い出されてしまった。

憲政は平井城から没落したあと、東上野の新田横瀬成繁や下野足利城（足利市）の足利長尾当長《まさなが》を頼ろうとするが、すでに那波氏や館林城（館林市）の赤井文六らの氏康方の国衆とのあいだで戦闘がおこなわれていたためであろう、入城することができず、やむをえず北上野の白井城（渋川市）の白井長尾憲景《のりかげ》を頼った。

しかし、ここでも反撃の態勢を整えることができなかったため、五月初めに越後の長尾景虎《かげとら》を頼って、越後に没落した。こうして南北朝時代以来、関東政界の中枢にあった山内上杉氏は、ついに氏康によって没落することになった。

長尾景虎、関東に出陣

とはいっても、長く関東の政治社会において中心的な地位を占めてきた山内上杉氏だったから、簡単にその政治的命脈を絶たれたわけではなかった。憲政は、長尾景虎に関東復帰のための支援を要請し、景虎もこれを容《い》れて、その五月中に景虎は越後勢を上野に進軍させている。そして七月ごろには、景虎自身も上野に出陣してきた。このとき、景虎は山内家家臣の岡部左衛門尉に対し、その在所の矢島《やじま》（深谷市）に対して、越後軍による濫妨《らんぼう》狼藉《ろうぜき》の禁止を保証する制札《せいさつ》を出しているから、越後軍は利根川近辺まで進軍してくる状況にあったことがうかがわれる。こののち景虎は、十月ごろまでは上野に在陣したようである。

この長尾景虎こそ、いうまでもないが、のちに憲政の家督を継いで、山内上杉氏の当主となって上杉名字を継承し、上杉政虎《まさとら》、ついで輝虎《てるとら》と名乗り、出家後は謙信《けんしん》を称する、上杉謙信である。このときの景虎は、二十三歳の若さで越後国主という地位にあった。

　景虎の家系は、代々にわたって越後守護上杉氏の家宰と越後守護代を務める府中長尾氏と称されるもので、父為景《ためかげ》は永正《えいしょう》四年（一五〇七）に下剋上《げこくじょう》を起こし、主人の越後上杉房能《ふさよし》を殺害、新たな守護としてその一族の上杉定実《さだざね》（従兄《いと》弟《こ》定俊《さだとし》の子）を擁立し、その後は定実を傀儡《かいらい》化して、事実上の越後国主として存在していた。しかし晩年に越後上杉氏の有力一門を継ぐ上条《じょうじょう》上杉定憲《さだのり》（定俊の兄定明《さだあき》の養子で山内上杉顕定《あきさだ》の実子）の叛乱を鎮圧できず、天文五年（一五三六）に定実の調停によって和睦、為景は家督を嫡子晴景《はるかげ》に譲って隠居する。しかしその後も国内での反対勢力との抗争はやまず、晴景は天文十三年（一五四四）に定実を守護の地位に復帰させて、ようやく反対勢力の鎮圧をとげる。

　その過程で台頭してきたのが、晴景の弟にあたる景虎であった。天文十七年（一五四

越後上杉氏系図

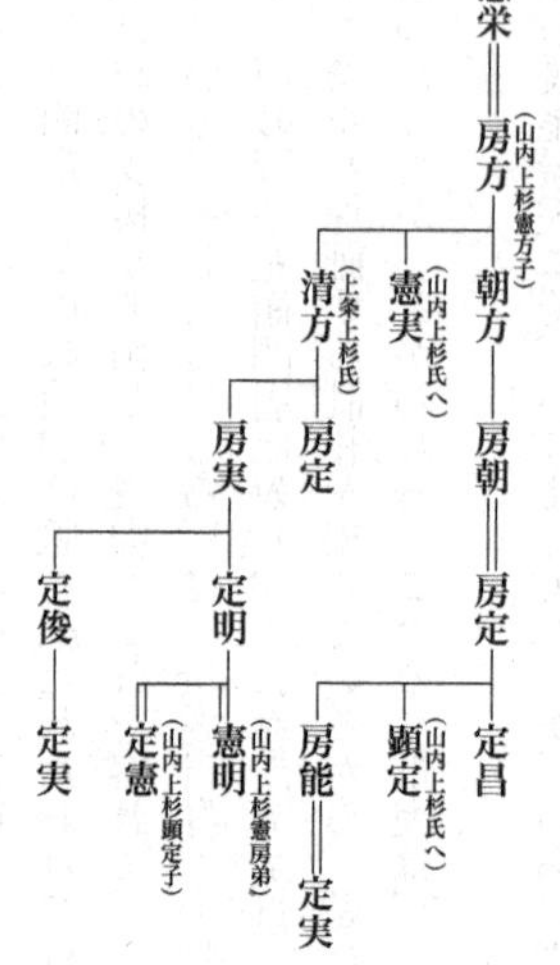

八）には両者のあいだで抗争が展開され、年末に定実の調停によって晴景は隠居、景虎が家督を継ぐ。二年後の天文十九年（一五五〇）二月に守護定実が死去、後継者がいなかったために越後上杉氏は断絶した。その直後、景虎は将軍足利義輝から越後国主の地位を認められ、ついに越後の戦国大名の地位を得た。そして天文二十年（一五五一）には、父為景以来、対立関係にあった上田荘坂戸《さかと》城（南魚沼市）の上田長尾氏（元・山内家の家臣筋）を服属させ、ようやく越後の統一を果たしたところであった。

憲政が頼ってきたのは、ちょうどそうした時期にあたっていた。越後の国衆たちのなかには、とくに上野に近い上田長尾氏などは、上野の国衆と密接な関係をもっていたから、景虎はそれらの意向をも受けて、憲政支援のために動くことになったとみられる。

一方の氏康は、新田横瀬成繁や下野《しもつけ》佐野泰綱《やすつな》といった上杉方の国衆から攻撃されていた館林の赤井文六を救援するために、九月上旬にふたたび上野に進軍した。景虎との直接対戦はなかったようだが、氏康は十二月ごろまで上野に在陣し、上杉方の国衆の経略を続けたようである。こうして氏康と景虎は、明確な敵対関係となったが、その対決はしばらくお預けのかたちとなる。翌天文二十二年（一五五三）から、氏康は房総里見氏への本格的な攻撃に重点を移し、一方の景虎は北信濃の領有をめぐって武田晴信との抗争を展開していったためである。

氏康による古河公方義氏の擁立

氏康が長尾景虎の進軍をしのぎ、上野から退陣した直後にあたるとみられる、天文二十一年（一五五二）十二月十二日、古河公方足利晴氏は、葛西城に在城していた末子梅千代王丸に公方家の家督を譲り、それまで嫡子の地位にあった藤氏は廃嫡された。梅千代王丸の立場は、あくまでも晴氏の庶子という立場にすぎなかったから、これは異例の事態であった。そこには、梅千代王丸の伯父《おじ》にあたる氏康の強い意向があったとみて間違いない。氏康は、山内上杉氏を没落させて、関東管領としての地位を確立させた。次なる課題は、公方家との関係を明確にすることであった。そこで氏康は、甥にあたる梅千代王丸を公方の地位につけて、管領北条氏はその外戚《がいせき》としての立場に立って、公方家と北条氏とが一体的な関係のもと、関東の政治秩序をリードすることを狙った。晴氏にはそれに抵抗する力はなく、氏康の意向に従う以外にはなかった。やがて晴氏自身も葛西城に移って、公方家の本拠は古河城から葛西城へと交替される。

梅千代王丸が公方になったことで生じた変化に、公方家に従うということは北条氏に従うのと同義になるということがあった。逆にいえば、北条氏に従わないことは、公方家に敵対することになった。この後、北条氏は北関東の伝統的な国衆とのあいだにも政治関係を展開していくが、そうした場合に大きな効果を発揮していくのである。

ここでしばらく、氏康と公方家との関係をみておくことにしよう。天文二十三年（一五五四）七月、前公方晴氏が葛西城から古河城に移り、長男藤氏とともに同城に籠城して、氏康に対して叛乱を起こした。これには下野小山城（小山市）の小山氏、上野桐生城（桐生市）の桐生佐野氏、下総森屋城（守谷市）の相馬氏らが味方した。しかし、公方家宿老の簗田氏・野田氏らは北条氏に従ったことから、十一月に北条軍は古河城を攻略、晴氏を相模波多野（秦野市）に幽閉した（のち野田氏に預けられる）。こうして晴氏の政治生命は絶たれ、公方権力は梅千代王丸に一本化される。

そして翌弘治《こうじ》元年（一五五五）十一月、梅千代王丸は葛西城で元服、将軍足利義輝から一字を授けられて義氏を名乗った。義輝への連絡は、前代氏綱の妻（近衛《このえ》尚通《ひさみち》の娘）の実家である、公家の近衛家を通じておこなわれている。それまで公方家嫡子の元服は、山内家・越後上杉氏を通じておこなわれていたことと比べると、公方家が完全に北条氏に取り込まれたことがわかる。元服式は葛西城でおこなわれ、氏康はそこで理髪《りはつ》役（子どもの髪型から成人の髪型に変更する役）を務めており、さらに仮冠《かかん》役（成人の象徴である烏帽子を被《かぶ》せる役）を務めたと思われる。これは、氏康が義氏の伯父として、また関東管領として、その後見役であることを端的に示している。

永禄《えいろく》元年（一五五八）二月、義氏は右兵衛佐《ひょうえのすけ》に任官する（ただし永禄七年〔一五六四〕とする説もある）。同官はいうまでもなく、武家政権の創設者源頼朝《みなもとのよりとも》の官職であり、古河公方家では前例がなかった。これを支える氏康は、鎌倉時代の執権北条氏歴代のものであった左京大夫《さきょうのだいぶ》の官職にあった。氏康が同官に就いたのは、最初の嫡子新九郎（天用院殿）が元服した天文二十年（一五五一）末のことである。同官は父氏綱も任官していたもので、氏綱は北条氏の家名にふさわしい官職を選んだのだろう。義氏の右兵衛佐任官は、当然のことながら義氏を頼朝に擬すものであり、義氏―氏康の関係を頼朝―執権北条氏の関係になぞらえるものであった。

そして同永禄元年（一五五八）四月、義氏は鎌倉鶴岡八幡宮に参詣《さんけい》する。これは古河公方家としては最初で最後のことであったが、武家政権の守護神であり、かつ北条氏が前代の氏綱のときに総力をあげるかたちで修造した同社への参詣は、公方家の立場が本来の関東全域の平和維持にあたるというあり方に回帰する演出であったろう。参詣のあと、義氏は北条氏の本拠小田原を訪れる。これも古河公方家としては最初で最後の出来事であり、義氏はしばらく同地に滞在する。これら立て続けにおこなわれた行事は、一連のものとみることができる。そしてそれらはすべて、義氏を正当なる「関東の将軍」として仕立て上げるとともに、義氏―氏康という新たな公方―管領を中心とした政治秩序の確立を広く世間にアピールするものであった。

さらに義氏については、小田原滞在中に公方領国に復帰させることが計画され、宿老簗田晴助の居城関宿城《せきやど》（野田市）と公方家代々の居城であった古河城を交換するという交渉がおこなわれて、八月に関宿城に移る。ここに義氏は、公方領国への入部を果たし、古河公方にふさわしい存在となった。
またここで注目されるのは、代々の本拠古河城ではなく、関宿城が選択されたことである。その選択も氏康の意向によるものであった。関宿は、隅田川流域と常陸川流域（現在の利根川流域）の結節点に位置し、北関東と南関東を結ぶ流通上の要衝で、氏康は同地の確保は「一国を取るのに等しい」と高く評価していた。義氏を同地におくことで、関東全域に対して直接的な影響力をおよぼそうと狙ったものであった。

甲相駿三国同盟関係系図

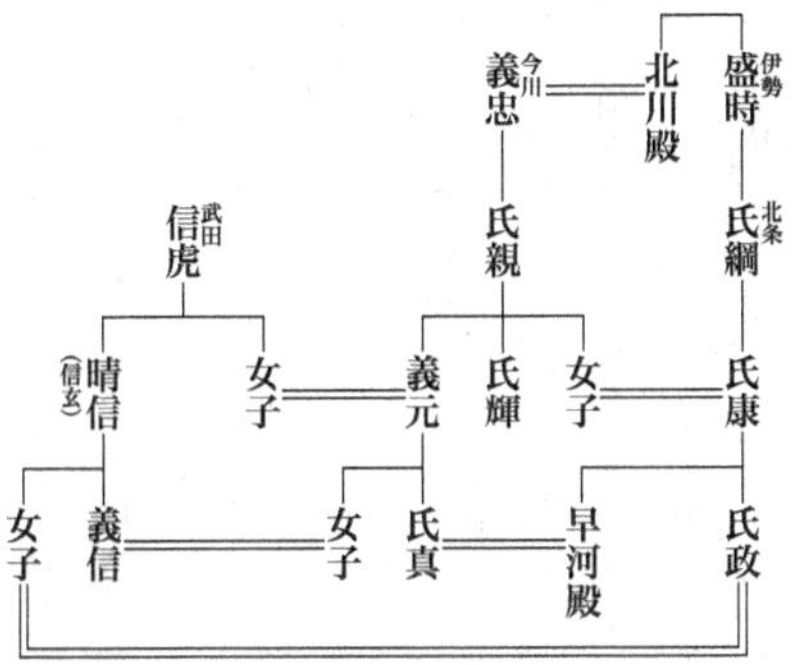

甲相駿三国同盟の成立

氏康は、武田晴信とは天文十三年（一五四四）に和睦し、今川義元とも同十四年（一五四五）に和睦していた。ただ、それらはあくまでも停戦協定のようなもので、いつ情勢の変化によってふたたび戦争になってもおかしくない、不安定なものであった。しかし、氏康は山内家との抗争が、武田氏は信濃経略が、今川氏は三河侵攻がそれぞれ本格化されるようになっていた。それぞれがそれぞれの方面における抗争に専念していくというなかで、互いに後顧の憂いをなくし、さらに積極的な支援関係を結ぶことを考えるようになったと思われる。ちょうど天文十九年（一五五〇）六月、義元の妻であった晴信の姉（定恵院殿《じょうけいいんでん》）が死去したため、両者は新たな婚姻を結んで同盟関係の継続を図るが、その際に氏康を含めた三者間同盟の成立が図られて、互いに婚姻を結び合うかたちが考えられた。

そして天文二十一年（一五五二）十二月に、まず義元の娘（嶺松院殿《れいしょういんでん》）が晴信の嫡子義《よし》信《のぶ》に嫁いで、武田・今川両氏のあいだで同盟関係が更新された。続いて天文二十二年（一五五三）初めに、氏康と晴信とのあいだで起請文が交換され、婚姻をともなう同盟関係の成立が確約されている。そして天文二十三年（一五五四）七月、氏康の娘（早河殿《はやかわどの》・蔵春《ぞうしゅん》院殿《いんでん》）が義元の嫡子氏真《うじざね》に嫁ぎ、両氏はようやく河東一乱以前に戻って、婚姻関係をともなう同盟関係を復活させた。じつに約二十年ぶりのことであった。そして同年十二月に、晴信の娘（黄梅院殿《おうばいいんでん》）が氏康の嫡子氏政《うじまさ》に嫁いで、北条・武田両氏は初めて婚姻関係をともなう同盟関係を形成する。

なお偶然にも、それぞれの嫡子義信・氏真・氏政は、ともに天文七年（一五三八）生まれの同年齢であった（その後の検討により、氏政の生年は翌八年の可能性が高い）。それぞれに嫡子・娘があり、同世代であったからこそ、このような珍しい形態の婚姻関係を成立させることができたといえる。

こうして甲斐武田氏・相模北条氏・駿河今川氏の三大名は、互いに婚姻関係を結ぶ同盟関係を成立させるのである。これをそれぞれの本国の一字をとって、「甲相駿《こうそうすん》三国同盟」と称している。この同盟は、互いに援軍を送り合うという、攻守軍事同盟であった。この後、三大名はことあるごとに援軍を送り合うことになる。相手方からすれば、ひとつの大名に敵対することがただちに三大名を敵にすることになるというものであった。しかもこの同盟は、外交関係においても共同歩調をとっていき、そのため周囲の政治勢力からも三大名は一体的なものとして認識されるようになる。これは戦国時代に結ばれた数多い同盟関係のなかでも、きわめて珍しいものといえる。

それらの婚姻は、天文二十一年（一五五二）末から同二十三年（一五五四）末までのまる二年をかけておこなわれたが、その間にも情勢は大きく変化していた。天文二十一年七月から、氏康は越後長尾景虎と敵対関係に入っていた。続いて晴信も、それから一年後の天文二十二年（一五五三）八月から九月に、景虎が北信濃の国衆からの支援要請を受けて進軍してきたことによって明確な敵対関係に入った。これが、いわゆる第一次川中島合戦である。以後、晴信と景虎は十年以上にわたって北信濃の領有をめぐる抗争を繰り広げていくことになる。

こうして北条氏と武田氏は、ともに景虎を共通の対抗相手とするようになっていた。両者の婚姻は、そのあとの天文二十三年（一五五四）十二月のことであるから、それは両者が景虎を共通の敵とするようになったあとにあたっている。そのためこの婚姻は、今川氏を含めた甲相駿三国同盟の形成の一環として計画されたものであったが、このときになると、すでに共通の敵として現れていた景虎への対抗の意味が、なによりも強かったであろう。

それから六年後の永禄三年（一五六〇）から、長尾景虎、すなわち上杉謙信が関東への本格的な侵攻を進め、北条氏と謙信とのあいだで関東支配をめぐる抗争が展開されることになる。そこでは、北条氏は武田氏との協同の軍事行動によってそれに対抗していくように、この同盟関係はきわめて重要な機能を果たしていくのである。

第三章　上杉謙信はなぜ関東に襲来したのか？

武田晴信と氏康の連携

氏康《うじやす》は山内家《やまのうちけ》を没落させたあと、上野国衆《こうずけくにしゅう》の服属を進めていった。天文《てんぶん》二十一年（一五五二）のうちに、西上野では箕輪《みのわ》長野《ながの》氏・安中《あんなか》氏・国峰《くにみね》小幡《おばた》氏ら、東上野では赤石那波《あかいしなわ》氏・厩橋《まやばし》長野氏・大胡《おおご》氏・館林赤井《たてばやしあかい》氏らを服属させていたとみられる。同二十三年（一五五四）には、前古河公方《こがくぼう》足利晴氏《はるうじ》の叛乱《はんらん》鎮圧にともなって、それに味方した桐生佐野《きりゅうさの》氏を服属させている。このころ有力な抵抗勢力となっていたのは、新田横瀬《にったよこせ》氏と、山内家家宰の家筋にあった下野足利長尾《しもつけあしかがながお》氏であったが、弘治《こうじ》元年（一五五五）には横瀬氏の、同二年（一五五六）には足利長尾氏の服属が確認されている。両者の服属の過程についてははっきりしないが、晴氏の叛乱鎮圧の前後のころのことではなかろうか。

弘治二年（一五五六）十一月になって、氏康は上野に進軍したらしいが、具体的な状況はわかっていない。むしろこの間、長尾景虎《かげとら》との抗争を中心になって進めていたのは武田晴信《はるのぶ》であった。最初の対戦である第一次川中島合戦は天文二十二年（一五五三）八月から九月にかけてのことであったが、その直後の九月に、国峰小幡憲重《のりしげ》が晴信のもとに出仕している。これは、小幡氏が武田氏とも従属関係を結んだことを意味している。小幡氏の領国は、西上野南部の甘楽《かんら》郡一帯におよぶものであったが、その西部の南牧《みなみまき》（南牧村）の土豪市河《いちかわ》氏は、これより先、武田氏と山内家との合戦である天文十六年（一五四七）八月の小田井原《おたいはら》合戦よりも一年前の天文十五年（一五四六）六月、武田氏が佐久《さく》郡内山《うちやま》城（佐久市）を攻略した直後に、武田氏に従っていることが知られる。市河氏はこのあと、一貫して内山城の支配を受けているから、南牧の地は早くから内山城の支配下にあった可能性が高い。そうすると、上野には武田氏の勢力がそのころにはおよぶようになっていたことがわかる。小幡氏は、この市河氏を通じて武田氏とも連絡を取り、従属するにいたったと考えられる。

晴信と景虎は、弘治元年（一五五五）四月から閏十月にかけて第二次川中島合戦を戦い、二年後の同三年（一五五七）四月から九月にかけては第三次川中島合戦を戦った。その間の六月、氏康は晴信への援軍として義弟の北条綱成《つなしげ》を派遣し、信濃《しなの》上田《うえだ》（上田市）まで進軍させる。同時に、晴信は家臣上原与三左衛門尉を上野倉賀野《くらがの》（高崎市）に派遣している。さらに北武蔵《きたむさし》の国衆で深谷《ふかや》上杉氏の一族とみられる市田茂竹庵が、晴信への援軍として上野まで進軍してきたことも知られる。

ここで氏康は、晴信と景虎との合戦にあたって、先の同盟関係にもとづいて援軍を派遣している。しかも派遣したのは、北条軍のなかでは先陣担当ともいうべき、綱成であった。さらに北武蔵国衆の市田氏の上野への出陣も、同じく晴信への援軍としてのものであったとみられる。他方、晴信からは家臣が倉賀野城に派遣されてきている。同城についてはその後、北条氏が上野国衆からの人質をおいているから、北条氏が管轄していたことが明らかである。それはこのときについても同様と考えられるから、晴信が家臣を同城に派遣したのは、北条氏からの援軍を信濃に先導するためと考えることができるであろう。こうして、氏康と晴信は互いに連携して、景虎に対抗する関係を形成していった。

上野の領国化と沼田氏の内乱

しかしまだ、氏康は上野侵攻に専念できないでいた。房総《ぼうそう》での千葉《ちば》氏と里見《さとみ》氏との抗争、北関東における国衆同士の抗争への対応を余儀なくされていたからである。弘治三年（一五五七）十二月には、古河公方足利義氏《よしうじ》からの要請により、下野宇都宮《うつのみや》氏の内乱に介入し解決に導いている。そして翌永禄《えいろく》元年（一五五八）の前半には、先にみたように足利義氏を「関東の将軍」に仕立てていく行事を立て続けにおこなっている。

氏康が上野に出陣するのは、それらを終えたあとの閏六月のことであった。このとき、氏康は北上野の吾妻《あがつま》郡に進軍している。おそらく攻略の対象は、同郡最大の国衆であった岩下城《いわしたじょう》（東吾妻町）の斎藤越前守であったと思われる。吾妻郡に進軍しているから、そのあいだにある惣社《そうじゃ》城の惣社長尾景総《かげふさ》や白井《しろい》城の白井長尾憲景《のりかげ》についても、すでに従属させていたとみてよいであろう。

氏康は、翌永禄二年（一五五九）三月にも上野に出陣し、場所は不明であるが、ある城の普請をおこなっている。二十日ほどで帰陣するといっているから、すでに味方になっている城の普請であったと思われる。そして同年八月までに、上野最北の国衆で沼田《ぬまた》城（沼田市）の沼田氏で起きた内乱に介入し、その名跡を一門の康元《やすもと》（綱成の次男）に継承させている。このことからすると、上野での普請というのは、康元を沼田城に送り込み、それにともなう普請であった可能性もあろう。

沼田氏関係系図

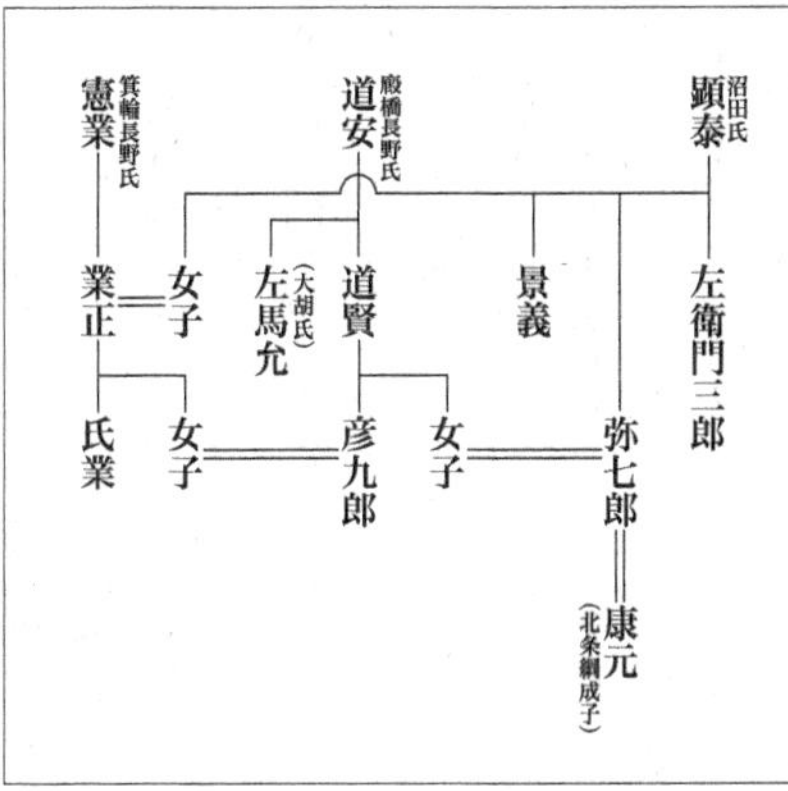

この沼田氏の内乱というのは、これより以前に当主であった万喜斎《ばんきさい》顕泰《あきやす》が長男左衛門三郎と対立し、これを廃嫡して、次男弥七郎に家督を譲って、領内河場《かわば》というところに隠居したが、やがて弥七郎と顕泰とのあいだに対立が生じ、顕泰は弥七郎を殺害して沼田城を攻めると、弥七郎の妻は厩橋長野氏の娘（道賢《どうけん》の娘か）であったため、これに厩橋長野氏が介入し、それによって顕泰は敗退、越後に没落した、というものである。

顕泰と長男左衛門三郎の対立、顕泰と家督弥七郎の対立が相次いで起きているが、その内実は、沼田氏内部における北条派と上杉派の抗争であったと考えられる。弥七郎が家督を継いだのは、おそらく北条氏への従属にともなうものであったとみられる。北条方になっていた廄橋長野氏と婚姻関係にある弥七郎が、家督につけられたのであろう。しかしすぐに北条派と上杉派の対立が生じ、敗れた上杉派の顕泰は景虎を頼って越後に移ることになった。そして弥七郎には後継者がいなかったため、氏康は一門から養子を入れることにし、綱成の次男孫次郎康元が継ぐことになったとみられる。

そして氏康は、永禄二年（一五五九）十月には、ついに吾妻郡岩下城の斎藤氏も従属させている。沼田氏に一門を送り込んで、これを実質的に乗っ取り、最後に残されていたともいえる岩下斎藤氏も従属させたことで、このころまでにほぼ上野一国を勢力下におさめることになった。それは、山内家の領国の完全な併合をとげたことを意味した。その過程では、越後への進軍もあったらしい。くわしい時期や経緯はまだわかっていないが、上野国衆赤見氏が氏康の代に、越後まで進軍したことが知られている。これは北上野国衆の帰属をめぐる過程や、あるいはそうした国衆の内乱などへの対応の過程で生じたものだろうが、もうここまでくると、景虎との直接の抗争は時間の問題になってきたといってよいであろう。

長尾景虎の上洛の目的とは?

このことは景虎側も認識していた。それが永禄二年（一五五九）四月における、景虎の上洛《じょうらく》として表れる。その目的のひとつに、関東管領《かんれい》山内上杉氏の進退問題について一任を取りつけることがあった。景虎にとって、このときの上洛は二度目にあたる。最初の上洛は六年前の天文二十二年（一五五三）のことで、後奈良天皇から「住国」の越後と「隣国」における敵を追討してよいという綸旨《りんじ》を与えられ、その御礼のためのものであった。武田晴信との最初の対戦である第一次川中島合戦を終えた直後のことであった。

ところで景虎と晴信とのあいだでは、弘治三年（一五五七）の第三次川中島合戦のあと、室町幕府から和睦《わぼく》の働きかけがあり、双方に和睦をうながす将軍足利義輝《よしてる》の御内書《ごないしょ》が送られたらしい。幕府からは信濃と越後の国境を境に国分《くにわけ》して和睦するようもちかけられたようで、これに対して晴信は自身の信濃領有を認める証《あかし》として守護職への補任を要求したらしい。幕府はこれを容《い》れて、永禄元年（一五五八）正月に、嫡子義信《よしのぶ》を准三管領に、晴信を信濃守護職に任じている。准三管領とは、幕府執政の家筋である斯波《しば》・細川《ほそかわ》・畠山《はたけやま》の三管領家に准じる身分的な特権を認めるものであり、当然、当主の晴信はそれ以前から認められていたと考えられ、信濃守護職は信濃国主として認めるものであった。

そして二月、足利義輝は景虎に御内書を送って、去年打診した晴信との和睦について、同意するとの返事を受けたことをふまえ、その実現を求めている。三月には、晴信・義信父子に御内書を送り、景虎との和睦を進めるよう求めている。そこでは今川義元《よしもと》父子・北条氏康父子とも相談して実現することが求められ、義元父子・氏康父子にも同内容の御内書が送られている。

ところがその後、晴信は夏と秋の二度にわたって越後に向けて侵攻したため、幕府から詰問を受けている。これに対して晴信は、前年に御内書が出されたあと、それへの請書を出す以前に、景虎が信濃に侵攻してきたこと、今年初めに信濃守護職に任じられたあとも、景虎は二度にわたって信濃に侵攻してきており、それへの報復のためであると弁明している。足利義輝の調停によっても、両者の抗争は簡単にはおさまるようなものではなくなっていた。ちなみにその直後の十二月、晴信は出家して法名信玄《しんげん》を称すようになる。そのため以下では、信玄の名で呼んでいくことにする。

そうしたことを受けて、景虎は翌永禄二年（一五五九）春に、二度目の上洛をおこなうのである。四月末から七月ごろまで在京したようであるが、そのなかで四月に将軍家相《しよう》伴衆《ばんしゆう》に、六月には三管領・足利氏御一家に准じる特権を認められ、さらに上洛の目的のひとつであった関東管領山内上杉氏の進退問題についても首尾よく義輝から一任を取りつけている。

これらのうち、相伴衆というのは大名のなかでも最有力の家格にあたった。すでに氏康・信玄は、前代の氏綱《うじつな》・信虎《のぶとら》の段階からこの家格を認められていたとみられるから、これによって景虎はそれらと対等の家格に位置することになった。そのうえで、景虎は山内上杉氏の進退について一任を認められたが、これは関東管領山内上杉氏の存続は景虎の裁量に任せるというものであり、その政治復権の実現のための行動、すなわち景虎の関東への侵攻を承認する、さらには景虎自身がその家督を継ぐことを認めるというものだった。

こうして、景虎は関東に侵攻する政治的名目を確保したのである。

氏康の隠居と「徳政令」

氏康は、永禄二年（一五五九）十二月二十三日に、家督を嫡子の氏政《うじまさ》に譲って隠居した。家督を継いでから十九年目、四十五歳だった。人生五十年といわれていたこのころのことだから、氏康がその年で隠居したとしてもいっこうに不思議ではない。また新当主になった氏政も二十二歳になっており、すでに二十歳を超えていたから、当主という重責を担ううえでけっして不足する年齢ではなかった。

しかし政治権力における家督交替は、すなわち政権交代を意味した。だから隠居による政権交代がスムーズな政権移行を実現する手段であったとしても、そこには何かしらの政治的意味があった。そもそも戦国大名は、戦国大名領国という一個の国家を形成し、その統治を主宰する「国王」だったから、すぐれて政治的な存在であった。大名であるかぎり、大名当主はもちろんのこと、その家族も、私的な家族や個人としての側面はいちじるしく小さく、何ごとも政治性に覆われていた。家督交替は、現代の日本でいえば天皇や総理大臣の交代にあたるから、それそのものがすぐれて政治的な事件であった。

それでは、氏康の隠居の場合にはどのような背景があったのだろうか。いまでも新しく政権が誕生すると、ただちに施政方針が示される。そうしたことは古代の政治権力からおこなわれていたし、同じようなことは戦国大名にもみられた。新政権によっておこなわれた政策に、その政権の誕生をもたらした政治課題をうかがうことができる。これを氏康から氏政への家督交替の場合についてみると、新当主の氏政が最初におこなった大規模な政策が、翌永禄三年（一五六〇）二月・三月に領国内の村々に出した徳政令《とくせいれい》だった。

徳政とは、本来は徳のある政治という意味だが、日本では十四世紀ごろから債務関係の破棄という意味に限定されるようになっていた。だからここでの徳政令というのも、債務関係の破棄を中心にしたものだった。それが出されたということは、領国内の村々が債務返済が滞るような状態におちいっていたことになる。では、どうしてそういう事態になったのかとみていくと、この時期、北条氏の領国を含む東日本の広い範囲で飢饉《ききん》と疫病が流行《はや》っていた。氏康の隠居はそうした最中のことであった。そして、新当主氏政によっておこなわれた最初の政策が徳政令であったことをみると、氏康の隠居が領国を覆っていた飢饉と無関係であったとは考えがたい。むしろ、密接に関係していたとみたほうがよい。

古代・中世を通じて、天変地異による災害・飢饉、戦乱などによって、しばしば改元（年号を改める）がおこなわれた。改元されると、恩赦《おんしゃ》・減税・救恤《きゅうじゅつ》・債務破棄などの徳政がおこなわれた。改元することによって「世を改める」のである。同様のことは、王（天皇や将軍）の代替わりにもおこなわれた。代替わりも「世を改める」ことだった。その背景には、天道思想という、古代・中世の多くの人々に共有されていた基本思想があった。天道（天と地の感応）にかなう者のみが大地の支配をおこなえる、という考え方である。だから社会的危機が生じると改元され、「世直し」がおこなわれ、あるいは王が代替わりすると、同様に「世直し」がおこなわれた。

それが十五世紀半ばごろになるとさらに、社会的危機が生じると人々から「世直し」を公然と求めるようになってきていた。将軍の代替わりを契機にした、徳政一揆がその象徴である。まさに戦国時代は、社会的危機が生じると人々は「世直し」を求める、という時代状況にあった。氏康の隠居も、こうした人々の考え方を受けておこなわれた。飢饉と疫病の流行によって、領国内で多くの死者が続出し、村では人手不足になって、村そのものが成り立たなくなっていた、という深刻な領国危機が展開されていたのである。

氏康は、この危機に充分に対応できず、餓死者を続出させた責任をとり、人々の「世直し」への期待に従って、みずから北条氏当主の地位から退位することになった。そして新当主のもとで、そうした社会状況の再建が図られたのである。飢饉と疫病による領国の疲弊によって、氏康は「国王」の地位から引きずり下ろされてしまったのである。この氏康の隠居の場合は、社会のありように大きく規定されていたという、戦国大名の立場を象徴的に示している事例といってよい。

景虎、関東に侵攻す

北条氏で氏康から氏政に代替わりがおこなわれ、新当主氏政によって飢饉状況の克服のための「世直し」が進められた。しかし、その成果が形としてみえるようになるはずの永禄三年（一五六〇）八月末、長尾景虎が関東に侵攻してきた。しかも関東管領山内上杉憲政《のりまさ》（当時は法名光哲《こうてつ》を称していた）を擁し、その政治復権を掲げての侵攻だった。景虎は、翌四年（一五六一）閏三月に、その上杉憲政から名跡を譲られ、憲政から偏諱《へんき》（実名の一字）を与えられて、上杉政虎《まさとら》と改名する。さらに同五年（一五六二）に室町幕府将軍足利義輝から偏諱を与えられて、実名を輝虎《てるとら》に改名する。そして元亀《げんき》元年（一五七〇）、出家して法名謙信《けんしん》を称する。すなわち、上杉謙信である。謙信はこのように名乗りを頻繁に替えるから、以下ではもっともなじみのある上杉謙信の名で記していくことにする。

謙信は、八月二十五日に本拠春日山《かすがやま》城（上越市）の留守番衆に対して掟《おきて》を定めたのち、関東に向けて出陣し、同二十九日に上野に入った。九月五日に沼田（沼田市）に着陣して、沼田領の沼田城や、吾妻郡の岩下城（東吾妻町）などを攻略した。沼田城に在城していた北条氏一門の康元は迎撃を試みたがかなわず、数百人の戦死者を出して敗退、沼田領は謙信に接収された。このあと、沼田城は謙信の関東支配のための前線基地となっていく。一

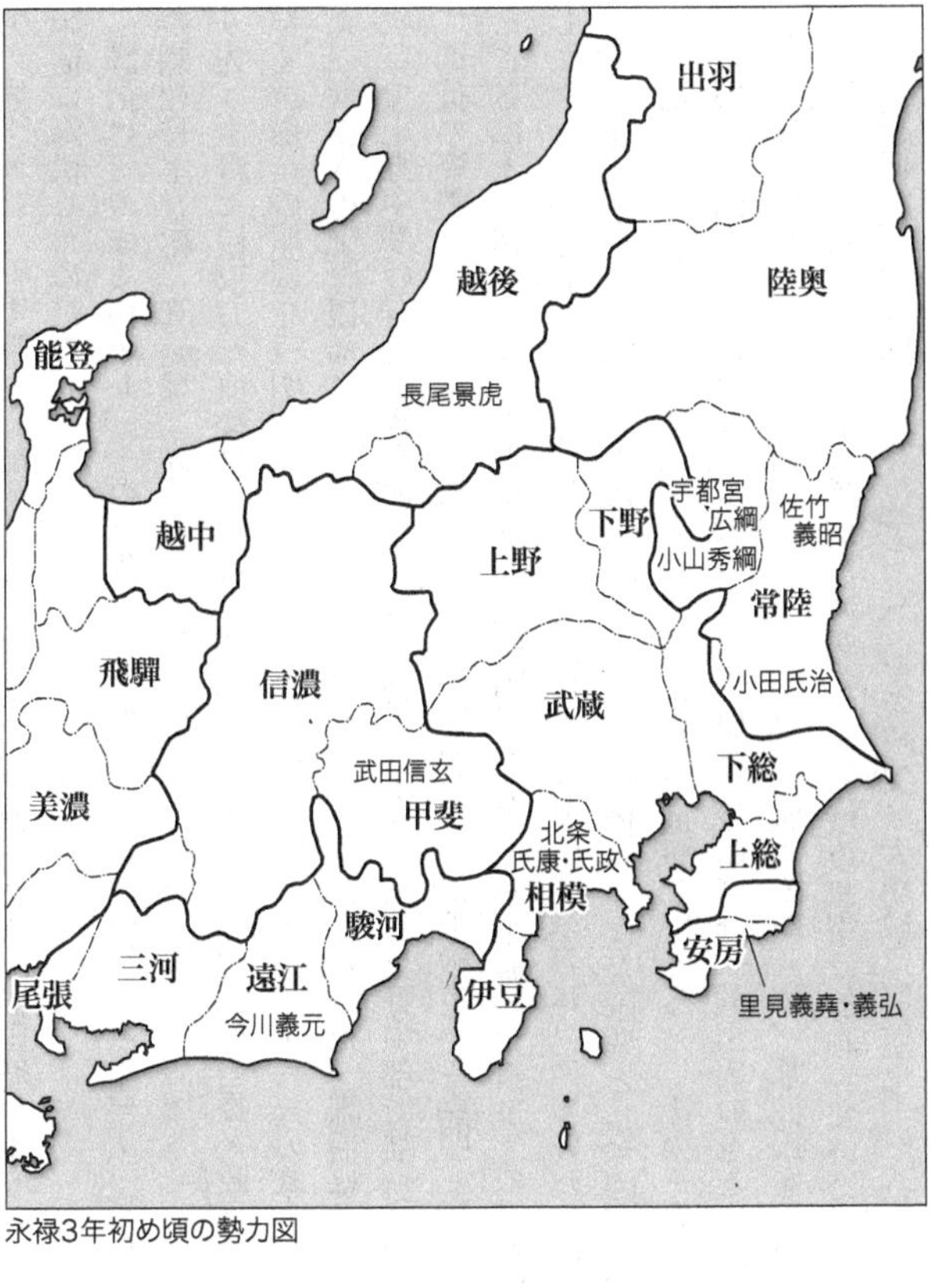

永禄3年初め頃の勢力図

方の岩下城は、吾妻郡を支配する国衆斎藤氏の本拠である。沼田城のような抵抗はせずに、謙信に降伏したのだろう。

謙信はそのまま南下し、その過程で白井城（渋川市）の白井長尾憲景、惣社城（前橋市）の惣社長尾景総、箕輪城（高崎市）の箕輪長野業正《なりまさ》らを相次いで服属させた。またこれより先、上野に侵攻した直後に、下野足利城（足利市）の足利長尾当長《まさなが》・政長《まさなが》父子が、いち早く謙信への服属を表明していた。足利長尾氏は、かつて山内上杉氏の家宰の地位にあった。元主人の上野復帰にも、いろいろと尽力していた存在だった。謙信は、このように相次いで上野中部の有力国衆を従えると、九月二十八日に、上野中部で唯一、北条方に立って抵抗の姿勢をとっていた、那波宗俊《むねとし》の本拠赤石城（伊勢崎市）を包囲した。

さらに十月初めには、上野東部最大の国衆である、金山《かなやま》城（太田市）の横瀬成繁《なりしげ》も従属してきた。そうして横瀬氏は、足利長尾氏とともに北条方に立っていた、館林城（館林市）の赤井文六を攻めた。また上野西部には、規模の大きな国衆として国峰城（甘楽町）の小幡憲重がいたが、彼は北条方だった。謙信が進撃してくると、その一族の図書助《ずしょのすけ》が謙信に応じて国峰城を占拠し、宗家の憲重を信濃に没落させ、武田氏のもとに追っている。

赤石城を攻撃していた謙信は、十二月七日に同城を攻略して、那波氏を没落させた。さらに同月十四日、これ以前に謙信に従属し、赤石城攻撃軍に加わっていた、廐橋城（前橋市）の廐橋長野彦九郎（道賢の子）と、その叔父《おじ》で大胡城（前橋市）の大胡左馬允《さまのじょう》を謀叛《むほん》の疑いによって誅殺《ちゅうさつ》し、両氏を没落させた。これらによって、那波氏領・廏橋長野氏領・大胡氏領はいずれも謙信に接収された。このうち、那波氏領は横瀬氏に与えられた。廏橋領・大胡領は謙信が直接管轄し、謙信は廏橋城に在陣した。このあと、廏橋城も謙信の関東支配のための前線基地とされていく。

こうして謙信は、上野に進軍すると、国内の国衆を次々に従え、あるいは抵抗する国衆については没落させて、年内には館林領の赤井氏を除き、ほぼ上野を制圧した。謙信が関東に侵攻してきたとき、北条氏の主力軍は房総半島に出陣して、里見義堯《よしたか》の本拠の上総《かずさ》久留里《るり》城（君津市）を包囲しており、そのため、謙信の侵攻に迅速に対応できなかった。謙信の侵攻を聞くと、久留里城を包囲していた北条軍は包囲を解いて後退し、九月末になってようやく迎撃の体制をとって、氏康は武蔵中部の河越《かわごえ》城（川越市）、次いで松山《まつやま》城（吉見町）まで進軍した。先陣は惣社城などで迎撃を試みたようだが、かなわなかった。そのため、北条氏は河越城・江戸城（千代田区）などの重要拠点で籠城《ろうじょう》戦を展開することになった。

謙信襲来の背景

北条氏は、ここに上杉謙信という強敵を迎えることになった。謙信自体は、このときはまだ越後の戦国大名長尾景虎という立場だった。その意味では、謙信も他国の侵略者ということになる。しかし謙信は、侵攻にあたって、関東管領山内上杉憲政を擁し、その政治復権を掲げていた。だから謙信への従属というのも、名目的には憲政への従属でもあった。かつて家宰の地位にあった足利長尾氏は、明らかに旧主山内上杉氏に従ったものだった。ほかの国衆の場合も、多かれ少なかれ同様だったろう。もちろん、あくまでも北条方の立場をとって抵抗した国衆もいたから、彼らの謙信への従属は謙信の圧倒的な軍事力にもとづくものだったろう。しかし憲政に従属するという体裁をとることで、他国の侵略者の旗下に属すことへの抵抗感はかなりやわらいだと思われる。

また、ちょうど房総里見氏や常陸佐竹《ひたちさたけ》氏からも熱烈な要請を受けていた。里見氏は、この年の五月から北条氏によって本拠の上総久留里城（君津市）を包囲されていたから、まさに絶体絶命の危機におちいっていた。したがって、謙信への支援要請は執拗《しつよう》におこなわれていた。佐竹氏も、南陸奥《みなみむつ》の白川《しらかわ》氏や下野那須《しもつけなす》氏と交戦中であり、白川氏・那須氏を支援する北条氏から、それに擁立されていた古河公方足利義氏の名によって停戦命令を受けていた。それを拒否すればいずれ本格的な侵攻を受けることが予想されていたから、やはり熱心に謙信の進軍を要請してきていた。

謙信は、こうした関東における北条氏と対立する勢力から進軍を強く要請されていた。すでに北条氏は、関東で最大の政治勢力を築き上げており、これに対抗できる勢力はもはや関東には存在していなかったから、北条氏と対立する勢力は頼るべき存在を関東以外の勢力に求めたのだった。謙信の関東侵攻は、こうした関東の反北条氏勢力からの要請に応《こた》えるものでもあった。実際、すでに前年に関東侵攻のための名分を確保していたにもかかわらず、侵攻がこの年の八月末に実現されたのは、里見氏支援が直接の契機だったとみられる。その意味からいって、謙信の侵攻はそうした関東の反北条氏勢力から呼び出されたものでもあった。

ならば謙信にとって、この侵略戦争はまったく外部からの要請に応えるためのものだったのだろうか。戦争が人的にも経済的にも多大な負担を強いることは、いまも昔も変わらない。長期にわたる遠征ならばなおさらであろう。謙信が関東に侵攻した永禄二年（一五六〇）は、まさに東日本の広い範囲で飢饉になり、疫病が流行していた状態だった。それは、謙信の本国越後も例外ではなかった。謙信は、そうした状況のなかで侵略戦争を開始したのである。しかもその時期は、秋の収穫期だった。謙信の軍勢が関東に雪崩《なだ》れ込んだ際、作物の掠奪《りゃくだつ》がおこなわれたことは容易に推測される。

それと対照的なのが、翌永禄四年（一五六一）三月に謙信が越後国内に徳政令を出していることである。前年の洪水災害からの復興を理由に出されている。国内のそうした危機に対しては、謙信も徳政令による復興策をとっていたのである。そうしたことから考えると、同時におこなわれた侵略戦争は、国内の飢饉対策の一環であったともみることができる。それはいわば、飢饉下での口減らしと、他国での食糧確保の一石二鳥を狙ったものだった。

ふたたび二人の関東管領

永禄三年（一五六〇）を上野廏橋城で越した謙信は、明けて永禄四年（一五六一）の二月から、北条氏の本拠小田原城へ向けて進軍を開始した。そこには前年までに従属してきた国衆だけでなく、常陸・下野・房総などからも多くの国衆たちが参陣してきた。それらは、次のようである。

上野：白井長尾氏・惣社長尾氏・箕輪長野氏・廏橋長野衆・沼田衆・岩下斎藤氏・金山横瀬氏・桐生佐野氏
下野：足利長尾氏・小山氏・宇都宮氏・佐野氏
下総：古河公方家簗田《やなだ》氏・小金高城《こがねたかぎ》氏
武蔵：忍成田《おしなりた》氏・羽生広田《はにゅうひろた》氏・藤田衆・深谷上杉氏・岩付太田氏・勝沼三田《かつぬまみた》氏
常陸：小田氏・真壁《まかべ》氏・下妻多賀谷《しもづまたがや》氏・下館水谷《しもだてみずのや》氏
安房：里見氏
上総：東金酒井《とうがねさかい》氏・飯櫃城山室《いびつじょうやまむろ》氏（元・千葉氏家中）

北条氏は、本拠小田原城のほか、玉縄《たまなわ》城（北条康成《やすしげ》＝氏繁《うじしげ》）・三崎《みさき》城（北条綱成か）・津《つ》久井《くい》城（内藤康行）・小机《こづくえ》城・由井《ゆい》城（北条氏照《うじてる》）・河越城（北条氏堯《うじたか》・大道寺周勝《だいどうじかねかつ》）などの

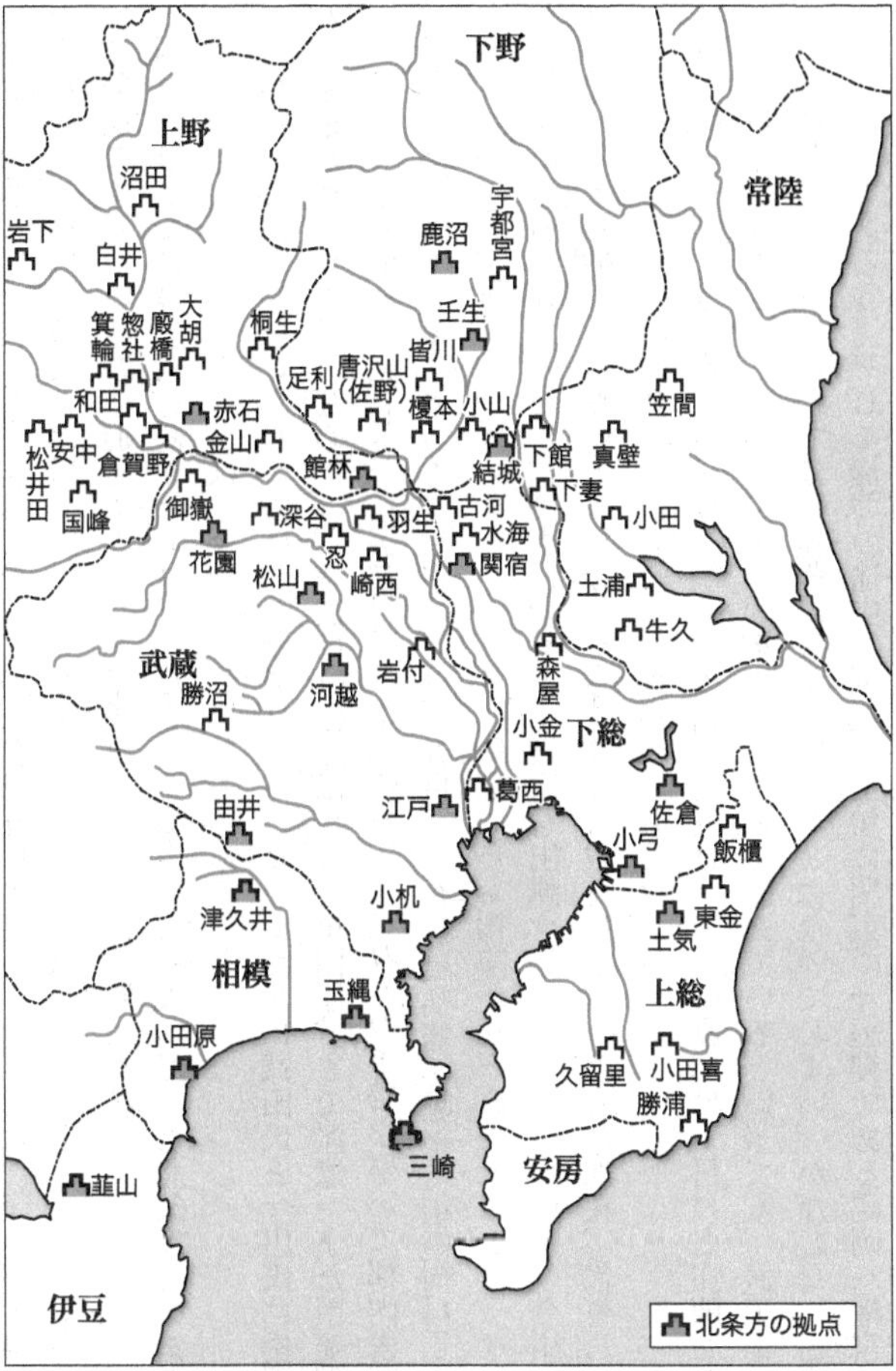

上杉謙信に参陣した武将分布図

重要拠点で籠城戦を展開して防戦した。しかし武蔵松山城は岩付太田氏に、下総葛西城や上総峰上城《みねがみ》・真里谷城《まりやつ》などは里見氏によって落城した。謙信はさらに南下し、三月下旬には北条氏の本拠小田原城に迫ってきた。北条氏はここでも籠城戦で対抗した。謙信の軍勢は関東のほとんどの国衆を従えたものだったから、関東最大の大名だった北条氏といえども、正面きって対抗することはできなかったからであろう。

しかし、氏康も手をこまねいていたわけではなかった。ただちに武田氏と今川氏に援軍の派遣を要請した。三月初めには、信玄は家臣跡部長与《あとべながとも》を小田原城まで派遣、また甲斐郡内の軍勢を由井城に向かわせ、信玄自身も二十四日には一万人の軍勢を率いて郡内吉田（富士吉田市）にまで達している。吉田からは、五日のうちに足柄峠を越えて相模河村（山北町）に向かう予定になっていた。また、今川氏真《うじざね》からも援軍が送られてきており、すでに河越城に派遣されていたし、氏真自身も近く駿府《すんぷ》を出陣することになっていた。今川氏は、前年の尾張桶狭間《おわりおけはざま》合戦によって義元が戦死する大敗を喫していたのに加え、代替わりによる繁忙が続いていたにもかかわらず、援軍に応じてきていた。

謙信は、このように武田軍・今川軍進軍の情勢を受けて、小田原には十日ほど在陣しただけで軍を引き返した。いかに関東の国衆のほとんどを従えているといっても、武田軍・今川軍に背後から攻められては、腹背に敵を受けることになってしまい、かなわないと判断したためであろう。そして帰陣の途中、閏三月上旬に関東の守護神である鶴岡八幡宮《つるがおかはちまんぐう》に社参し、その神前において関東管領山内上杉憲政から、その名跡と一字を与えられて、上杉政虎と名乗った。

ここに謙信は、みずから関東管領山内上杉氏の当主になり、にわかに関東の領主層に対しては「山内殿」、山内上杉氏の被官筋に対しては「御屋形様」として君臨することになった。この名跡継承について、謙信みずからは、病気がちの憲政に代わり、上杉氏の名跡を継ぐようにと、従軍していた関東諸将がしきりに要請するので受けた、と表明している。

謙信の真意はわからないが、関東諸将の総意によるという体裁をとっている。そして新たな古河公方として、義氏の庶兄藤氏《ふじうじ》を擁立して、公方家の本拠の古河城に入れた。さらに前関東管領となる上杉憲政、京都から謙信を頼って関東に下向《げこう》してきた前関白近衛《このえ》前久《さきひさ》も古河城において、関東の政治秩序の改変に取り組んだ。そして六月末に上野厩橋城に帰還し、そのまま越後に帰国した。

謙信の山内上杉氏名跡継承によって、北条氏と謙信との抗争はいずれが関東管領かという、関東支配の正当性をめぐる争いとして表現されることになった。この後、北条氏は謙信を「長尾」と呼び、謙信は北条氏を「伊勢」と呼ぶというように、互いに旧名字で呼び続けている。けっして「上杉」「北条」とは呼び合っていない。これは、「上杉」「北条」の名字が、ともに関東管領職と一体のものと認識されていたためであろう。相手を旧名字で呼ぶことによりその正当性を否定し、みずからが唯一の関東管領であることを表明するためだった。こうしてふたたび、「上杉」と「北条」の戦争が繰り広げられることになった。

氏康の危機感

一方、謙信の侵攻を受けた北条氏は深刻な危機感にみまわれていた。先にみたように、北条氏では前年の永禄二年（一五五九）十二月に氏康から氏政へ家督が交替されていたが、隠居しても氏康がいまだ北条氏の最高権力者の地位にあった。江戸時代の隠居とは違い、このころは隠居とはいっても、けっして政治世界からの引退を意味していたのではなかった。

この後、氏康・氏政父子は「二御屋形」「御両殿」と称されており、隠居と当主は並び称される関係にあった。しかも謙信という大敵の出現を受け、それに対抗するには当主の氏政はいまだ若輩だったため、おのずと対謙信の陣頭指揮は氏康がとった。

北条氏にとって、本拠周辺まで敵軍の侵攻を許したのは、これが初めてのことだった。本国のみならず本拠周辺まで敵軍による容赦のない掠奪の被害を受け、「山野」「亡国」という状態になっていた。そしてこのままの状態が続けば、「侍・人民共に退転すべし」（「箱根神社文書」）と、家臣も百姓も成り立たなくなることが懸念された。そのため、謙信の再度の進軍を受ける前に反撃しなければならなかった。敵に攻めさせないために、こちらから攻めるのである。それは言葉を換えれば、領内での掠奪を回避し、逆に敵領で掠奪するのであった。

氏康は、まだ謙信が厩橋城に在城していた五月に、今度の秋に反撃の一戦を計画し、その勝利のための祈禱《きとう》を箱根《はこね》権現社《ごんげんしゃ》（箱根町）の別当《べっとう》（長官）融山《ゆうざん》に依頼したが、逆に融山から性急な反撃を諫《いさ》められるとともに、「北条家」にふさわしい善政をおこなうよう、いくつかの具体的な意見を受けた。

融山は、「北条家」は「前代」の鎌倉時代では「日本の副将軍」の家柄だから、その家名を継ぐということは、それにふさわしい政治をしなければならないといい、そのためには「万民を御哀憐の事、百姓に礼あらば、国家は自ずと治まり候」（「妙本寺文書」）と、百姓を慈しみなさい、百姓に感謝すれば「国家」（北条家とその領国）はおのずと安泰です、という意見を寄せてきた。言葉を返せば、氏康の政治には百姓への感謝の気持ちがないから、そのように「国家」が乱れるのだという意見だった。

これに対して、氏康は敢然と反論した（「妙本寺文書」）。

百姓を慈しみ、百姓に感謝しなければいけないというご意見は、私も承知しています。だから去年（永禄三年）には、領国内の村々に徳政令を出し、質物になっていた百姓の妻子・下人をすべて返還させました。今年には、諸一揆相衆（在村しながら軍役のみを負担する村の有力者）に徳政令を出し、北条氏からの債務（「公方銭」）を破棄し、返済分も返却しました。北条家は、何よりも慈悲の心を深くもち、正しいことを第一に考えていますから、領国内の弱い立場にある百姓からも意見を聞き、道理のある政治をおこなうために、十年前から目安箱を設置して、彼らの意見を聞いて、道理を探求しています。なのに氏康の政治がよくないので、このようなことになった、というご意見はおそれながら間違っています。

氏康は、自分こそ、もっとも百姓を大事にする政治をおこなってきているのだと主張し、その具体例として、十年前の天文十九年（一五五〇）からおこなっている目安制、前年の永禄三年（一五六〇）の徳政令、今年の諸一揆相衆への徳政令などをあげている。

それらはいずれも、飢饉状況にあって村々が深刻な危機におちいっていたことに対し、村の成り立ちを維持するための対策としておこなわれたものだった。こうした対策を、氏康は、百姓を慈しみ、百姓に感謝する政策と自認していたのである。それだけでなく、こうした政策をおこなうことは、「国家」を維持していくうえで当然のことだ、と認識していた。

百姓を大事にする、すなわち村の成り立ちを維持するような政治をしなければ、戦国大名の家と領国はすぐに崩壊してしまうということを、戦国大名の当主みずからが認識していたことがわかる。

「永禄の飢饉」と謙信の侵攻

北条氏の反撃は、謙信が越後に帰国する六月から本格的におこなわれた。九月までには、もっとも本国に近く存在していた、武蔵西部の勝沼三田氏を滅ぼし、さらに軍勢を北上させて、謙信によって攻略された勢力の回復を進めていった。また、同盟国の武田信玄にも支援を要請した。信玄と謙信は、その年の九月に、両者のあいだの合戦としては主力同士が前面衝突した最大規模のものと伝えられる、第四次川中島合戦を戦っているが、その直後ともいっていい十一月中旬に、謙信が北条氏の反攻に対抗するため、ふたたび上野に進軍してきた。

それとほぼ同時に同月下旬には、信玄も西上野に侵攻してきて、謙信方の国衆の経略を進めていった。こうして、北条氏と武田氏は互いに連携しあって、関東を舞台にして謙信との抗争を展開するという情勢になっていった。

この後、関東支配をめぐる北条氏・武田氏と上杉氏との抗争は、永禄十年（一五六七）まで連綿と展開されていくことになる。そこでは、謙信はほぼ毎年のように関東に侵攻してきた。現在わかっているだけでも、謙信は永禄十年まで、八回におよんで関東に侵攻してきている。その概要をまとめると、次のようになる。

①永禄三年八月から同四年六月
②永禄四年十一月から同五年三月
③永禄五年十二月から同六年四月
④永禄六年十二月から同七年四月
⑤永禄八年十二月から同九年四月
⑥永禄九年九月
⑦永禄九年十月から同十年三月
⑧永禄十年十月から十一月

特徴的なのは、謙信が関東に侵攻してくる時期である。⑥を除いて、冬に関東に侵攻し、そこで年を越し、翌年の春の終わりから夏の初めごろに越後に帰国していく、というはっきりとしたパターンを示している。これは越後で雪が降っているあいだ、関東で戦争するということであるが、同時にその時期は端境期にあたっていた。

在陣中の食糧は、関東で調達されたし、戦場では掠奪が繰り広げられたであろうから、これは端境期における食糧確保としての意味ももっていた。あるいは、それこそが謙信の関東侵攻を繰り返させた、潜在的な理由であったかもしれない。

他方の信玄はというと、どうであったろうか。現在、謙信ほどはっきりわかっているわけではないが、おおよその進軍の概要は次のようである。

①永禄四年十一月から同五年二月
②永禄五年五月
③永禄五年九月
④永禄五年十一月から同六年三月
⑤永禄六年七月から十月
⑥永禄六年十一月から同七年二月
⑦永禄七年十月
⑧永禄八年二月
⑨永禄九年三月から四月
⑩永禄九年五月
⑪永禄九年閏九月
⑫永禄十年三月から五月

信玄の場合は、謙信とは違って、短期間の出陣が多い。これは戦況によるところが大きいようである。冬から春にかけての多くは、謙信の進軍に対抗するためのものが多く、夏から秋は、謙信の不在のなか経略を進めるものが多い。そうはいっても、これだけの進軍が繰り返されていたから、現地の負担は多大であった。在陣中の食糧は、基本的には信濃から搬送されていたようであるが、それでも現地で調達された分も少なくなかったであろう。敵地に攻め入った際には、やはり掠奪が繰り広げられた。

名だたる戦国大名である、謙信と信玄による連綿とした関東への進軍、さらに北条氏も謙信への対抗と失地回復のために出陣を繰り返していく。関東では、これまでになかったような規模の戦争が、しきりに繰り広げられるようになった。謙信が最初に侵攻してきたとき、関東は飢饉状況におかれていた。その状況はいっこうに沈静化する様子はなく、永禄九年（一五六六）から翌十年にかけての飢饉は、かなり深刻なものになっていた。

このように永禄年間のほとんどは、飢饉が続いていたのだった。これを「永禄の飢饉」と呼ぶことができよう。そしてこのように飢饉が長期化していった、大きな要因になっていたのが、謙信の侵攻に始まる、北条・武田・上杉の関東を舞台にした抗争にあったことは間違いない。飢饉と戦争との切り離しがたい関係と、その悪循環の様をまざまざとみせつけさせられる。

第四章　「国衆」が左右する関東戦国史

成田長泰、恥辱を受ける

上杉謙信《けんしん》が関東に侵攻し、さらに小田原城に向けて進軍した際、関東の国衆《くにしゅう》のほとんどがそれに従うかたちになっていた。だが、それがそのまま、謙信の勢力圏として続いたわけではなかった。小田原から退陣したあと、鎌倉鶴岡八幡宮《つるがおかはちまんぐう》に参詣《さんけい》した際、早くもひとつの事件が起きていた（「異本小田原記」ほか）。

武蔵北部の忍城《おしじょう》（行田市）を本拠とした国衆に、成田長泰《なりたながやす》がいた。謙信が八幡宮の宝前に参詣しているあいだ、諸将は鎌倉の辻々を馬上で警護し、謙信が参詣を終えて陣所に帰る際に、それぞれ下馬して礼をした。長泰も当然、下馬して礼をするのだが、成田氏の作法はほかの諸将とは異なるものだった。成田氏は、古代末期の前九年合戦の源頼義《みなもとのよりよし》・義家《よしいえ》父子のとき以来、大将と同時に下馬して、礼をするというのが家例になっていたという。長泰は、このことは当然、謙信も承知していると思い、家例どおりの作法をとったところ、謙信は激しく怒った。

謙信は、昔の大将（頼義・義家）とは叔父《おじ》という関係にあったからそのような礼もありえようが、現在の私との関係はたんなる主従なのだから、そのような作法は認められないとして、悴者《かせもの》（名字を名乗れない最下級の兵士）に命じ、長泰に向けてさんざんに悪口をいい、馬から引きずり落とさせて、路上に這《は》いつくばらせた。さらに一人前の社会人であることを示すシンボルだった烏帽子《えぼし》を打ち落とし、踏みつけ、土をつけたりして、さんざんに面目を失わせたのだった。

長泰は、これに大いに憤慨したが、その場で立ち向かえば、討ち果たされる様子だったため、そのまま自身の陣所に引き返した。その前年、廏橋長野《まやばしながの》氏・大胡《おおご》氏が陣中で誅殺《ちゅうさつ》されていたことも聞き及んでいたであろう。陣所に帰ると、家老たちと相談した。成田氏は武蔵《むさし》においては有数の武家であり、謙信にも参陣するという忠功を立てているのに、このように多くの人々の面前で恥をかかされたことは無念きわまりない。このうえは北条氏に一味して、この恨みを晴らそう、と。そうして長泰主従千騎は、すぐにその夜に陣所を引き払い、本領に帰還してしまった。

この様子をみて、ほかの諸将のなかには、成田氏のような千騎の大将に対してさえ、あのような扱いならば、われわれのように小身のものにはどのような扱いになるのか、謙信に奉公することはできない、と多くが引き上げてしまった。結局、謙信のもとにとどまったのは、上野《こうずけ》国衆・岩付太田《いわつきおおた》氏・房総里見《ぼうそうさとみ》氏らにすぎなくなった。小田原進軍の際は十万騎にもおよんでいた謙信軍は、鎌倉から帰陣する際は二万騎ほどになってしまい、上野までようやく引き返したという。

キャスティング・ボートを握る国衆

この話がどこまで事実であるのかはわからない。しかし謙信が上野に帰陣したころには、成田長泰が謙信から離叛《りはん》して、ふたたび北条氏に従属したことは間違いない。恥辱を受けたことだけが理由だったのかはわからない。どうやら隣接する羽生《はにゅう》領（羽生市）の領有をめぐって、謙信と対立していたらしい。長泰は、謙信の進軍に応じて、北条氏から羽生城を攻略したにもかかわらず、同城を与えられず、旧城主の広田《ひろた》氏らの復帰が認められていた。おそらくそうした背景があったなか恥辱を受けたことで、不満が爆発したのだろう。

それだけでなく、ほかにもそのころには、下総《しもうさ》小金《こがね》城（松戸市）の高城《たかぎ》胤吉《たねよし》、長泰の実弟にあたり隣接する武蔵崎西《きさい》城（騎西町）の小田伊賀守《おだいがのかみ》、忍領に隣接する深谷《ふかや》城（深谷市）の上杉憲盛《のりもり》、上野桐生《きりゅう》城（桐生市）の佐野《さの》直綱《なおつな》、下野佐野城（佐野市）の佐野《さの》昌綱《まさつな》（泰綱《やすつな》の孫）らが、同じようにふたたび北条氏に従うようになっている。謙信の陣には上野国衆・岩付太田氏・房総里見氏らしか残らなかったというのも、あながち誇張ではなかった。

上杉謙信の関東侵攻以降、関東は北条氏康《うじやす》・氏政《うじまさ》父子、上杉謙信、武田信玄《しんげん》という、名だたる戦国大名が激突する舞台になった。しかし、そこでみられた抗争というのは、それぞれの直接的な支配領域の拡大をめぐるものとはならなかった。なかには、謙信が沼田《ぬまた》氏や厩橋長野氏・大胡氏らを滅ぼし、その支配領域を接収して直接的な支配を展開したり、その後に信玄が箕輪《みのわ》長野氏を滅ぼして、同様にその支配領域を接収して直接に領域支配を

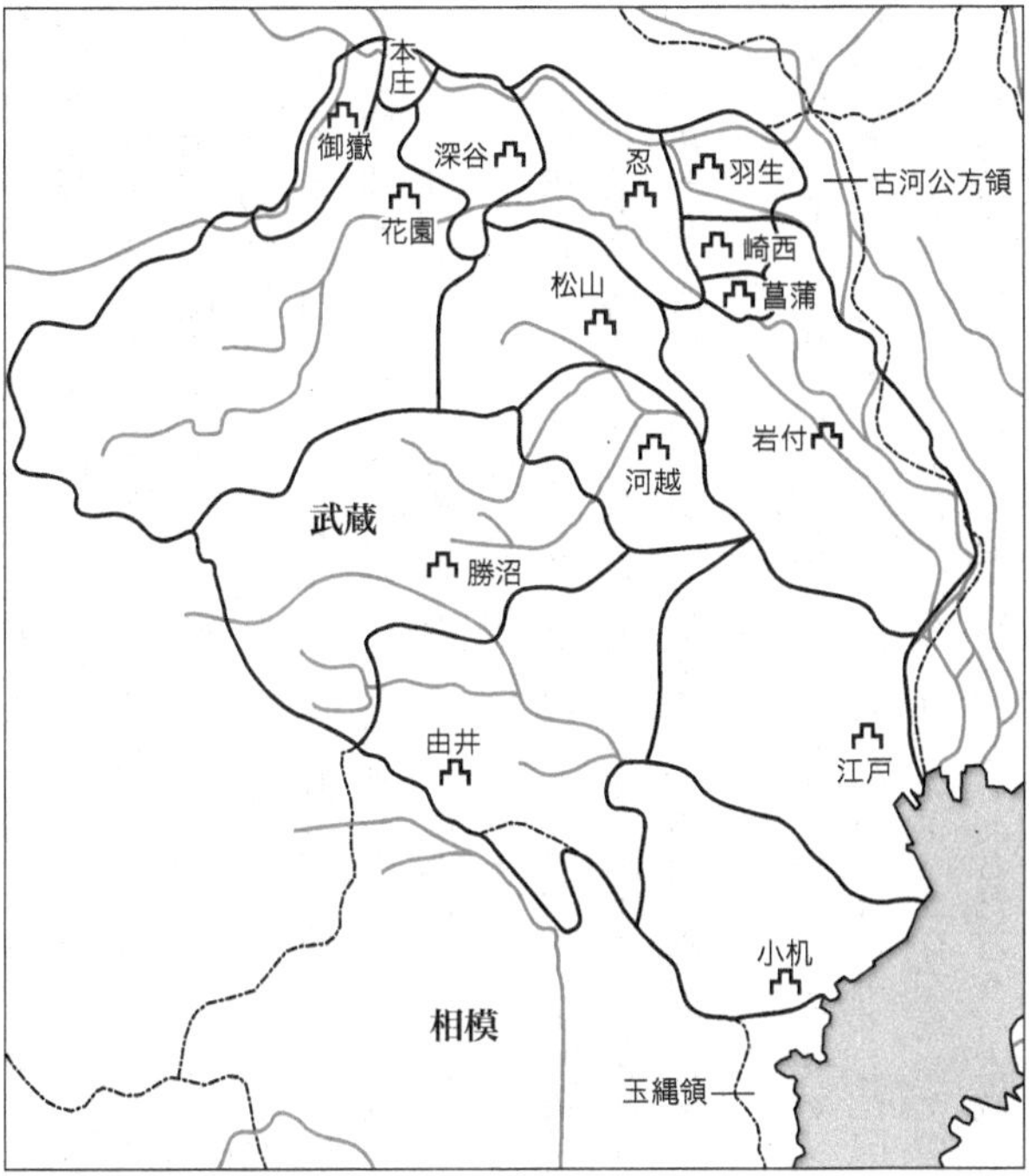

武蔵国領域図

展開したりすることはあった。しかしそれらは、いずれもその地域をもともと支配していた国衆を滅亡させた場合にのみ、みられたことだった。そうではない、たいていの場合は、それら国衆を従属させることによって勢力範囲が広がったり、逆に国衆が敵方に寝返ることで勢力範囲が縮まる、というものだった。

謙信が関東に侵攻してくる直前のころ、北条氏は、伊豆・相模《さがみ》・武蔵・上野・下総・上総《かずさ》の大半を領国にしていたが、北条氏が直接、領域支配していたのは、伊豆・相模と武蔵の江戸地域・河越《かわごえ》地域までの半分くらいまでであった。これが本国地域にあたる。それより外には、武蔵西部には勝沼《かつぬま》領の三田《みた》氏、中部には岩付領の岩付太田氏、北部には忍領の成田氏、崎西領の小田氏、深谷領の深谷上杉氏などがいたし、上野・下総・上総はほとんどが国衆領だった。だから謙信の侵攻によって、それら国衆が離叛し謙信に従ってしまうと、北条氏の勢力圏はたちまち本国地域まで縮小することになった。逆にここでみたように、そうした国衆が謙信から離叛すると、謙信の勢力圏はそれだけ縮小することになった。

北条・上杉・武田の関東支配をめぐる抗争といっても、その実態は国衆をいずれが味方につけるか、ということだった。戦国大名の版図は、そうした国衆の動向に大きく規定されていたのだった。それでは、国衆とはどのような存在だったのだろうか。ひと言でいえば、戦国時代に生み出された地域国家、といえるだろう。本城を中心に、ある一定の領域を独自に支配する存在だった。そのため、その支配領域は本城名をとって、○○領と称された。成田氏の場合なら、本城が忍城だったため、支配領域は忍領と呼ばれる、という具合である。城と領域がセットになっていたと考えればいいであろう。

国衆という地域国家は、戦争の日常化のなかから形成された。関東では享徳《きょうとく》の乱以降、戦争が日常化したが、そのなかで各地の領主は自立化をとげ、本拠を城郭化し、それを中心に一定の支配領域を形成した。それは隣接して存在していた領主を滅ぼしたり、被官化したりすることによってもたらされた。そしてその家来組織は「家中《かちゆう》」、支配領域は「領」と称された。こうして国衆という地域国家が、各地で展開していった。

またその本拠は、軍事拠点というだけでなく、地域国家の首都として、政治・経済・文化の中心という性格を帯びた。城郭が恒常的に存在するようになったのも、戦国時代からのことだった。現在の地域における政治的中心地は、そうした国衆の本拠を由来にしているものが少なくない。現在につながるような、地域の中心地が形成されたのが、まさに戦国時代だった。各地に地域国家が乱立して存在していた、それが戦国時代の特徴だったのである。

戦国大名と国衆の関係

戦国大名に従った国衆について、これまではその家臣になったと理解されることが多かった。たしかに、戦国大名への軍事奉公が義務づけられていたから、その命令に従う存在であった。当時の言葉で、従者を意味する被官《ひかん》と表現される場合もあった。しかしたいていの場合は、味方と表現された。それに対して、戦国大名の被官は、当時の言葉で、家中、家風《かふう》と称された。戦国大名の「家」を構成し、それ以外の主人をもたず、領主としての存立基盤である所領も大名から認められたもののみが存在するなど、存立そのものが大きく大名に規定されていた。それと比べると、国衆は従者ではあったが、その立場は本質的に異なっていた。

国衆は、その領国をまったくみずからの力量によって支配し、そこでは戦国大名から干渉されることはほとんどなかった。たとえば、戦国大名は家中の所領に対しては、直接、公事を収取したが、国衆の領国にはそうしたことは、宿に対する伝馬役を除いて、おこなわれなかった。国衆の領国は、それ自体が一個の国家であり、そこでは国衆こそが国王だったのである。戦国大名は、その国衆を通じてのみ、その地域に影響力をもったにすぎなかった。

そうした立場にある国衆は、戦国大名との関係においても、家中とは異なって、戦国大名の「家」の外側に位置した。いわゆる外様《とざま》であり、あくまでもお客さんの立場だった。従来、家臣といってきたのは、こうした国衆が存在しなくなり、家中と国衆が同一化した、江戸時代の大名家における家中のあり方をそのまま用いてきたためである。しかし国衆は、家中とはあり方が決定的に異なるのだから、明確に区別しておく必要がある。またそうすることによって、戦国時代の特質をはっきりと認識することができる。そして戦国大名の領国の外縁部のほとんどは、そうした国衆領によって構成されていた。

ある一定の領域を支配する、という意味では戦国大名と国衆は変わらなかった。だから権力としての構造も変わらなかった。それだけではなかった。そうした国衆も、領国の外縁部には自立的な領主が存在していたことが多かった。彼らも、国衆の家中には含まれない存在であり、同心《どうしん》、与力《よりき》などと称された、やはりお客さんだった。自立的な領主を服属させることで、より大きな権力が構成されるという関係が、重層的に展開していたのである。そうしたことからすると、戦国大名と国衆との違いといったら、見ための規模の違いくらいにしかすぎなかった、といっていいほどである。

だから、戦国大名と国衆とを明確に区別することはむずかしい。そもそも戦国大名というのは、当時の用語ではなく、あくまでも学問上の用語である。当時、「大名」といった場合、だいたい「国主」クラスをさしているから、およそ一国規模を領国にしているような存在をあてていいであろう。ここではさらに、両者の上下関係をはっきりさせておきたいので、唯一の命令主体となっているものを戦国大名、それに従う存在を国衆として、区別しておきたい。そうすると、戦国大名というのは、みずからが直接に領域支配する本国に加え、独自の領国を形成する国衆を従えた存在ということになる。

このように戦国大名が、領国内に独立的に存在する国衆を抱えていたという状況は、戦国時代を通じてほとんど変わらなかった。それがなくなるのは、羽柴《はしば》秀吉による天下一統後のことだった。国衆の存在は、戦争の継続に一致していた。まさに国衆は、戦国時代という時代の特質を体現するような存在だったのである。

反撃する北条氏康

北条氏康による勢力回復は、まだ上杉謙信が関東に在陣していた永禄《えいろく》四年（一五六一）六月初めから進められた。まず武蔵西部の勝沼三田綱定《つなさだ》への攻撃がおこなわれた。三田氏の領国の南部は、由井《ゆい》城主で国衆大石《おおいし》氏の家督を継承していた、氏康の三男氏照《うじてる》の領国となっていた。そのため、氏照が三田氏攻撃の先陣の役割を担った。七月には、氏康・氏政父子も勝沼領に向けて進軍した。そのため三田氏は、本拠勝沼城から後退して、要害堅固な唐貝山《からかいやま》城を築いて籠《こ》もったが、九月初めまでにこれを攻略、三田氏を滅ぼしてその領国を併合する。その領国は、氏照に与えられた。

続けて氏康の四男氏邦《うじくに》が家督を継いでいた、花園《はなぞの》城（寄居町）を本拠にする国衆藤田《ふじた》氏の領国の回復が進められた。藤田氏の当主は氏邦（当時は幼名乙千代丸）であったが、家中のなかに謙信方に応じて、敵対していた勢力があった。三田氏を滅ぼすと、氏政はただちに花園領への進軍を展開した。九月十一日までに、氏邦家臣の軍勢が秩父郡日尾《ひお》城（秩父市）を攻略すると、氏政は軍勢を二手に分け、一手を荒川を越えさせようとすると、天神山城《じんやまじょう》（長瀞町《ながとろ》）は戦わずして開城した。

こうして北条氏は武蔵北部まで勢力を回復していったが、その一方で、古河公方《こがくぼう》足利義氏《よしうじ》は公方領国から退去を強いられている。義氏は、謙信方になった宿老簗田晴助《やなだはるすけ》から攻撃を受け、居城の下総関宿城《せきやど》（野田市）に籠城《ろうじょう》していたが、謙信の越後帰国後に簗田氏と和睦《わぼく》して関宿城を明け渡し、下総高城胤吉の本拠小金城（松戸市）に移った。義氏は、はじめ江戸城に移ることになっていたようだが、予定を変更して、上総佐貫城《さぬき》（富津市）に居所を移し、そこにしばらく在城することになる。

同じころ、武田信玄は北信濃に出陣し、七月十日に上蔵城《かみくら》（飯山市）を攻略、さらに謙信の本拠春日山城《かすがやま》攻めの動きをみせ、加賀・越中《えっちゅう》の本願寺門徒に越後侵攻を要請している。この信玄の行動は、関東で勢力回復を進める氏康を側面支援するとともに、自身の信濃経略を進めるものであった。また八月には、謙信方の勢力下にあった西上野への侵攻も展開し、二十六日に武田氏の兵は、碓氷郡松井田城《まついだ》（安中市）を攻め、その水曲輪《みずくるわ》を攻略している。同城は謙信方の惣社長尾《そうじゃながお》氏同心の諏訪氏の居城であったが、これ以前に謙信方から離叛して武田氏に味方したため、同じく惣社長尾氏の同心で、東隣の安中城《あんなか》（安中市）を居城とする安中氏に攻略されていた。

こうした信玄の進軍に対し、謙信は八月二十九日に春日山城を出陣、信濃に向かった。

そして信玄方の拠点となっていた海津城《かいづ》（長野市）に向かい、信玄と対峙《たいじ》、九月十日にいわゆる第四次川中島合戦を戦う。このころ、北条氏は三田氏を滅ぼして、さらに武蔵北部に進んでいる。いわば氏康と信玄の連携によって、謙信に対抗していたのである。この第四次川中島合戦は、たんに信玄と謙信の合戦にとどまらず、北条氏をも含めた大きな対抗関係のなかで生じたものであった。

氏康・信玄の協同軍事行動

信玄は信濃川中島から帰陣すると、今度は西上野へ侵攻の矛先を向けていく。十月一日、松井田城（安中市）近在の諏訪宰相（松井田諏訪社の僧か）に、松井田城攻略の計策を促している。氏康もそれに合わせて軍事行動を展開し、五日に古河城（古河市）に在城していた近衛前久《このえさきひさ》は、謙信に氏康が岩付太田氏が管轄する松山城《まつやま》（吉見町）攻めのため同地に進軍したという風聞を伝え、十一日には、北条氏は重臣大藤秀信《だいとうひでのぶ》に、武田氏の来月関東進軍を伝え、軍備の用意を命じている。氏康と信玄の協同の軍事行動が、いよいよ関東で展開されていくことになった。

十月になると、北条氏邦の軍勢が秩父大宮（秩父市）で反対勢力と合戦し、また秩父郡東部を本拠にし、北条方の立場を堅持していた上田朝直《うえだともなお》の軍勢が、比企郡の飯田（小川町）で岩付太田氏の軍勢と合戦している。そして十一月に入ると、信玄はいよいよ西上野に進軍してきた。こうした状況を受けて、謙信も関東に向けて越後を出陣、十六日までに上野に進軍してきた。信玄は十一月十九日までに箕輪長野氏の同心で高田城（富岡市）の高田氏を服属させ、二十日には国峰城《くにみね》（甘楽町《かんら》）を攻略した。

国峰城の城主は、北条氏・武田氏の両方に従属していた小幡憲重《おばたのりしげ》・信実《のぶざね》父子であったが、前年の謙信の侵攻の際、従兄弟《いとこ》にあたるという一族の図書助《ずしよのすけ》が謙信に応じ、それに国峰城を乗っ取られてしまい、信玄のもとに逃れていた。そして小幡氏の家督は、図書助の子の次郎景高《かげたか》が継いでいた。信玄の国峰城攻略によって、小幡憲重・信実父子は国峰城主として復活した。また信玄は、同時に軍勢を分けて、吾妻郡《あがつま》にも派兵した。そこでは鎌原城《かんばら》（嬬恋村）の鎌原氏が味方になっており、それへの支援のためであった。信玄の西上野侵攻は、諏訪氏・小幡氏・鎌原氏らを支援するかたちで展開されていった。

北条軍はというと、十一月二十七日に武蔵御嶽領生山（本庄市）で越後軍と合戦した。上野に入ってきた謙信が、北条軍の進撃を食い止めるために武蔵まで南下してきたため、両軍で合戦となったものであろう。この合戦で北条軍は越後軍を破り、上野に後退させ、それを追うようにして北条軍は、武蔵と上野の国境をなす利根川の畔まで進軍した。そうして十二月三日、氏邦は花園領で反対勢力の唯一の拠点として残されていた秩父郡高松城《たかまつ》（皆野町）の在城衆に城の明け渡しを勧告した。同城はすぐに降伏してくることになり、これによって氏邦は自身の花園領について完全に回復をとげることになった。

その後、北条軍は上野に入り、武田軍と合流して十二月七日に、箕輪長野氏同心の倉賀《くらが》野《の》直行《なおゆき》の本拠倉賀野城（高崎市）を攻めている。しかし攻略までにはいたらず、北条氏はそのあとに帰陣、信玄は緑埜《みどの》郡（藤岡市）の経略を進め、十二月下旬には白井《しろい》長尾氏同心の小林氏らを服属させている。

上杉謙信の「後詰め」と国衆

永禄五年（一五六二）を迎えると、北条氏は房総里見氏に攻略されていた、下総葛西城（葛飾区）の奪回を進め、四月にそれを果たした。同城は、江戸城（千代田区）とは隅田川（利根川）をはさんで対岸に位置していたため、北条氏の本国に食い込んで存在した敵城であったから、その奪回の意義は大きかった。これより先に、葛西城とは大井川（現在の江戸川）をはさんで対岸に位置した小金城（松戸市）の高城胤吉が従属してきていたから、葛西城は江戸城と小金城にはさまれた恰好《かっこう》になっていた。高城胤吉の従属がなければ、その奪回はむずかしかったろう。

こうして氏康は、徐々にその勢力圏を回復していった。しかしまだ武蔵には、岩付城（さいたま市）の太田《おおた》資正《すけまさ》と、永禄四年（一五六一）の初めごろに彼によって攻略された松山城（吉見町）などが敵方として残っていた。松山城は、もともと扇谷《おうぎがやつ》上杉氏の属城で、一時期はその本拠にもなっていた城であった。同氏の重臣だった太田資正も、まだ岩付太田氏の家督を継ぐ以前は、同城に在城していたこともあった。そうした因縁の深い同城を、資正は、謙信来攻に乗じて、奪還したのだった。そして新たな城主として、最後の扇谷上杉氏の当主だった朝定《ともさだ》の弟という、憲勝《のりかつ》という人物を担ぎ、据えていた。

氏康・氏政父子は、こうした岩付太田氏の勢力を攻略するため、永禄五年（一五六二）十月に武蔵中部に出陣し、松山城攻めに向かった。同時に、同盟国の武田信玄に合力《ごうりき》を要請した。信玄は十一月上旬に西上野に進軍してきた。すぐに氏康・氏政父子と信玄は合流して、そのまま両者は松山城への攻撃を開始した。城主は上杉憲勝であったが、在城衆の実際は太田資正の同心・被官だった。彼らは籠城して防戦した。これに対して太田資正は、このことを上杉謙信に連絡し、救援を要請した。謙信はこれを受けて、十一月下旬には越後を出陣し、十二月中旬には上野に着陣した。

謙信は、味方の国衆だけでなく、敵方に属していた国衆にも自身の上野着陣を伝え、松山城後詰《ごづ》めのための参陣を広く求めた。「後詰め」というのは、味方の城を包囲している敵軍の背後に布陣することである。包囲を解かせなければ救援は成功しないから、敵軍に迫ることで、包囲の戦力を減少させ、主力戦力をこちら側に向けさせることになる。そうすると、敵軍がそのまま後退しないかぎり、対陣、さらには決戦に展開していくことが多かった。そのためには、敵軍に匹敵する兵力が必要だった。このときの相手は、北条・武田同盟軍だったから、謙信は国衆の動員によって、対抗を図ったのだろう。

しかし実際のところ、国衆の集まりはよくなかった。成田氏ら北武蔵の国衆のほか、すでに上野でも桐生佐野氏が、下野では佐野氏・小山氏・那須氏、常陸では小田氏が北条方になっていた。これにそれ以前から北条方であった下総北部の結城《ゆうき》氏を合わせると、むしろ謙信方の国衆は劣勢になっていた。さらに西上野でも、安中氏・和田氏らが武田氏に従属していた。

そのため謙信にとって頼みとなったのは、下総関宿城（野田市）の簗田氏と房総里見氏、下野宇都宮《うつのみや》氏、常陸佐竹《さたけ》氏らの勢力だった。謙信は、彼らに岩付城への参陣を指示した。謙信は岩付城で彼らと合流し、それから松山城の後詰めにかかる予定をたてた。明けて永禄六年（一五六三）正月上旬に、利根川対岸の深谷領を攻撃し、そのあとに烏川を越えて西上野に進んで高山（藤岡市）・小幡（甘楽町）あたりを攻撃している。武田軍と甲斐・信濃との連絡を絶つのが目的だった。ところがこの時点になって、松山城が危なくなってきたため、謙信は作戦を変更し、岩付城を経由しないで、直接、松山城の後詰めに向かうことにし、そのことを簗田氏らに連絡した。

そうして正月下旬に、館林城（館林市）に着陣し、里見氏らに進軍をうながしつつ、利根川を越えて武蔵に入った。このとき里見氏は、岩付城に向けて、北条方の下総千葉氏領を進軍し、正月二十九日に臼井（佐倉市）に着陣、二月朔日《ついたち》には市川（市川市）の手前まで進んでいる。一方、謙信は二月上旬になって、岩付太田氏の属城の石戸城（北本市）に着陣した。しかしその数日前の二月四日に、松山城は開城していた。謙信が石戸城に着陣したのは、松山在城衆がちょうど退散してきたときだった。完全に包囲されていたため、謙信の後詰めも知らないまま、信玄の調略によって開城してしまったのだった。

「氏康頼もしからず」の噂

氏康・氏政父子は松山城に入城し、そのまま同城に在城を続けた。信玄は西上野に退陣した。対して謙信は、しばらく石戸城に在陣していたが、十一日に当初の目的だった岩付城に陣を移した。その後、すぐに房総里見氏も着陣してきたらしい。また常陸佐竹氏も、結城氏・小田氏攻撃のために出陣したらしい。氏康・氏政父子と謙信は、しばらく松山城と岩付城にあって対峙した。謙信は決戦を挑もうとしたが、氏康父子は出城してこず、さらに出撃を内通されたこともあって、謙信は決戦をあきらめ、退陣することにした。しかし、ただ退陣するのではなかった。氏康父子が出城してこない隙をついて、北条方の国衆を次々と攻撃していった。

二月十七日までに、崎西城（騎西町）を攻めて、城主小田伊賀守を降伏させた。その日、氏康は後詰めのために出陣したが、間に合わなかった。小田伊賀守は、忍城の成田長泰の実弟だった。氏康は、後詰めが間に合わなかったことを、長泰の家老手島高吉に弁明したが、長泰は北条氏を見限り、謙信に従属してしまった。さらに、利根川を越えた下野藤岡城（栃木市）の城主茂呂因幡守《いなばのかみ》も謙信に従属した。謙信はそのまま利根川を越えて、下野に進軍した。

謙信は、すでに結城《ゆうき》氏と小田氏攻めのために、その中間まで出陣してきていた佐竹《さたけ》氏と宇都宮《うつのみや》氏を従え、小山城（小山市）の小山秀綱を攻めた。三月二十四日には、小山秀綱は、自身出家し、子息以下を人質に出して、謙信に降伏した。続いて結城氏を攻めようとしたが、当主晴朝は小山秀綱の実弟だったため、秀綱の要望により、その扱いは秀綱に委ね、帰陣の途についた。四月に入って、途中、佐野城（佐野市）の佐野昌綱を攻めた。佐野氏も降伏を申し出てきていたが、謙信との条件が折り合わないのか、そのままの状態がしばらく続いた。その過程で、佐野氏の同族の桐生佐野直綱が従属してきた。そうして謙信は、ようやく六日に上野廏橋城（前橋市）、八日に沼田城（沼田市）に帰陣し、十日には越後に帰国していった。これを受けて、氏康父子も帰国したようである。

氏康は、謙信の下野への進軍に、何らの対応もとれなかった。謙信が利根川を越えた時点で、西上野に在陣していた武田信玄は、謙信はそのまま帰陣するのだろうと判断し、甲斐に帰国してしまっていた。逆に謙信は、佐竹氏・宇都宮氏と合流したから、北条軍だけではそれに対抗できなかったためであろう。そのため氏康は、信玄に対して「油断」だと詰問したらしい。しかし謙信の進軍を止める手立てをとれず、崎西小田氏と小山氏は攻撃を受けた末に降伏してしまった。加えて、忍成田氏・藤岡茂呂氏・桐生佐野氏らも、謙信に従属してしまった。結城氏・佐野氏の動静も不安定になってしまった。

まだ謙信が利根川を越えて、佐竹氏らと合流する前、氏康は謙信への対抗のため、前年から申し出を受けていた、南陸奥《みなみむつ》の白川《しらかわ》氏・蘆名《あしな》氏との盟約をととのえ、彼らに佐竹氏の背後をつくよう要請したりはしていた。その交渉がととのう前に謙信は帰国してしまったが、松山城攻略後の謙信への対応について、蘆名盛氏《もりうじ》は次のように論評している（「白川文書」）。

謙信が後詰めに出ていったので、決戦をするのかと思っていたら、それはおこなわれず、あげくに崎西城が謙信に属してしまうとは、とんでもないことです。さらに佐竹氏・宇都宮氏を率いて謙信が小山城を攻め、同城も降伏して謙信に属してしまいました。なによりも後詰めをしなければならないことははっきりしていたでしょう。奥州でも後詰めがおこなわれなかったことについて、頼もしくないと思っています。

敵に攻められた味方を救援しない氏康は頼みにならないのではないか、という評判が立ち始めていたらしい。現に、忍成田氏・藤岡茂呂氏は、崎西城を救援できなかったため、氏康のもとから離れてしまっていた。

国衆が戦国大名に従属するのは、みずからの存立を維持するために頼むのだった。その頼みに応《こた》えられなければ、国衆は簡単に味方から離れ、敵方に属してしまった。国衆を従属させ続けるには、敵方からの攻撃を受けた場合には必ず救援し、頼みになる存在であることを表明し続けなければならなかった。戦国大名の攻防というのは、いずれが頼みになるかということの争いだったともいえる。

　頼もしからず、という評判が立ち始めていたことを受けて、氏康は帰陣してからすぐに、二十日のうちに下野に出陣することを味方勢力に表明した。五月上旬には下野に攻めると。これを聞いた蘆名盛氏は、近く宇都宮に向けて進軍するとのことは、とてもいいことです、と述べている。実際の出陣は七月になってからだったが、なによりもアピールすることが重要であったに違いない。

家中に信頼が薄かった太田康資

　永禄七年（一五六四）正月、北条氏は下総市川国府台《こうのだい》（市川市）で、房総里見氏・岩付太田氏・江戸太田氏の連合軍と戦い、これを破った。いわゆる第二次国府台合戦といわれるものだが、北条氏側では、宿老で江戸城代の遠山綱景《とおやまつなかげ》・隼人佑《はやとのじょう》父子、同城将の富永康景《とみながやすかげ》らが戦死しているから、その損害も大きかった。これは、前年末に房総里見氏が岩付太田氏支援のために、市川に進出してきたことがきっかけになっていた。

　岩付城では、周囲を敵方に囲まれていたため、周辺との通路などが自由ではなく、兵糧米の補塡《ほてん》が思うにまかせなくなっていたらしい。そのため里見氏が、兵糧米の搬入を支援しようと進出してきたのであった。興味深いのは、その兵糧米支援は、無料ではなく、有料だったのである。そのため、この場合では、里見氏と商人とのあいだで値段の折り合いがつかず、兵糧米の搬入はおこなわれなかった。

そうした状況を知った、江戸衆と小金城（松戸市）の高城氏は、迎撃するならいまのうちだ、ということを氏康に何度も連絡した。それを受けて氏康は、家臣らにわずか三日分の兵糧支度で出陣するようにいい、兵糧米運搬のための小荷駄《こにだ》隊は編成せずに、迅速な出陣をおこなった。里見氏からの兵糧米搬入が実現されず、さらに北条軍も出陣してきたため、岩付太田氏は居城から出て、里見氏に合流することになったのだろう。

江戸太田氏系図

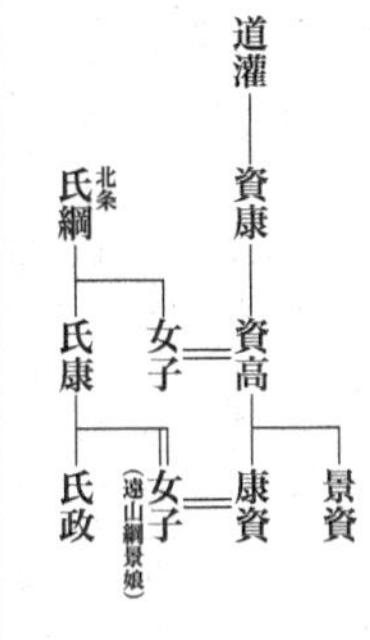

もうひとつ、江戸太田氏というのは、もとは岩付太田氏と同じ扇谷上杉氏の重臣だったが、早くに北条氏に服属していた存在だった。江戸地域ではもっとも多くの所領を有していた有力領主だった。北条氏が江戸城と江戸地域を攻略することができたのは、この江戸太田氏が服属したからであった。そのため、北条氏とのあいだで二代にわたって婚姻関係を結んで、北条氏からはその存在を重視されていた。このときの当主は康資《やすすけ》

といい、母は北条氏綱《うじつな》の娘、妻は氏康の養女で、実父は江戸城代遠山綱景だった。

その太田康資が、里見氏が市川に進軍してきたところ、里見氏の陣に加わって北条氏から離叛したのである。理由は所領問題にあったらしい。父資高《すけたか》の代まで同心だった太田大《だい》膳《ぜんのすけ》亮家は、その後、北条氏から引き抜かれ、江戸衆の寄親《よりおや》の一人にまで取り立てられて、康資と同格の存在になっていた。大膳亮家の所領の大半は、かつて江戸太田氏から与えられていたものだったから、康資は所領を減らされたと認識したし、大膳亮家とは所領の領有をめぐって相論も起きていた。

また永禄五年（一五六二）に北条氏は里見氏から葛西城を奪還したが、それは康資が中心におこなったものだった。氏康から、葛西城を攻略したら、そのまま葛西地域を与える、と約束されていたらしい。しかし戦後、葛西地域は遠山氏に与えられた。この処置に、康資は大いに不満をもっていたようで、それがここで離叛というかたちで爆発してしまったのだろう。

江戸地域最大の領主だった江戸太田氏の離叛は、それだけで重大な事態だったが、北条氏にとって幸いだったのは、その家中がすべて康資に従ったわけではなかったことだった。とくに康資の側室の実家の太田次郎左衛門尉、もっとも多い所領を有していた恒岡弾正《つねおかだんじょうの》忠《じょう》という最有力な宿老は康資の行動には従わず、北条氏のもとにとどまった。実際、康資に従った家中は少数派だったようだ。彼らは、ここでの主人の判断はみずからの存続にとって有益ではないと考えたのだろう。康資が問題にしていた所領をめぐる相論も、家中全体の問題にはなっていなかったのかもしれない。

いくら多くの所領や家中を有していたとしても、家中の多くが従わなければ、その戦力はその分だけ減少する。そして国府台合戦の敗北により、康資はもはや江戸地域に復帰できず、里見氏に従って上総に没落した。こうして江戸太田氏は滅亡し、北条氏のもとにとどまった家中らは北条氏の家中に編入された。

厳しい政治判断を求められる国衆

岩付太田氏も、合戦後は本拠には戻れず、そのまま里見氏に従って上総に後退した。里見方の上総国衆の土気《とけ》酒井胤治《たねはる》の便宜を得て、本領に帰還することができたのは五月のことだった。その間、岩付領をめぐる情勢はますます逼迫《ひっぱく》するようになっていたであろう。しかも合戦に敗北したため、多くの家中が先行きに大きな不安を抱えるようになっていただろう。そして七月二十三日、当主の資正が今後の対応を里見氏と協議するために少数の腹心だけを従えて外出したところ、嫡子の氏資《うじすけ》がクーデターを起こした。資正らを城内に戻れないようにし、追放したのである。

氏資はすぐさま北条氏に従属した。岩付太田氏の存続は、北条方として存在するほかない、という判断だったろう。事前に北条氏からも誘いがあったろう。直後の八月六日に、

岩付太田氏・成田氏系図

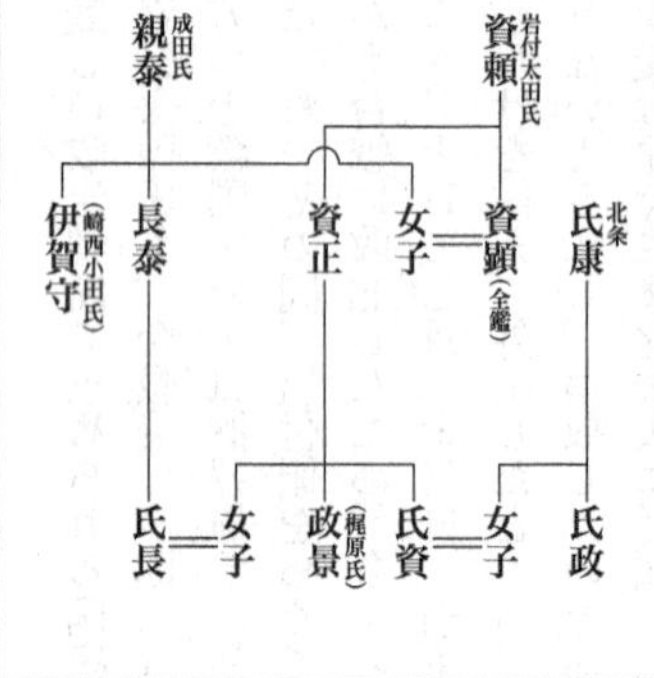

氏資は家臣に松山領の領有をとげたら所領を与える約束をしているから（「東洋文庫所蔵文書」）、従属すれば松山領を与えるといったような交渉もされていたのかもしれない。もっとも結果として与えられることはなかったが。

このとき、氏資は出家して、法名道也《どうや》を称している。さすがに父親の追放は、世間から大きな非難を浴びるからであろう。同じように父親を追放した武田信玄がのちのちまで、敵方からの攻撃の材料にされたように。あるいは、出家のかたちをとることで、俗縁を断ち切り、父親を追放するのでなく、頼りにならない国王を天道に従って追放したのだ、という姿勢を示すためでもあったかもしれない。氏資がもとの実名を称するようになるのは、十一月になってからだった。家中のなかには資正支持派も残っていたから、資正は彼らを頼りに、この後しばらく、さかんに本拠への復帰を図ったが、そのつど失敗に終わった。そして永禄九年（一五六六）になって、周辺が完全に北条氏の勢力によって固められていくと断念し、佐竹氏を頼っていった。

同じようなことは、忍成田氏でもみられた。永禄六年（一五六三）四月に、崎西城が上杉謙信に攻略されたのを契機に謙信に従属したのち、成田氏では長泰から嫡子の氏長《うじなが》に代替わりした。長泰は、以前に謙信から離叛した経緯をもっていたため、新たに氏長をもって、謙信に奉公するかたちをとったのであろう。服属先の大名が変わることによって国衆の当主が代わる、ということはよくみられた。

隠居しても、実権はそのまま長泰が握っていたのだろう。ところが、永禄八年（一五六五）か九年になって、氏長と長泰とのあいだで対立が生じ、ついには武力衝突におよんだ結果、氏長が勝利し、敗れた長泰は本城を出て、菩提寺竜淵寺に入って隠遁《いんとん》することになったと伝えられている。事件の時期や背景もはっきりしていないが、氏長を支持した家老の手島高吉は、北条氏に対して取次を務めていた人物だったから、成田氏でも先行きをめぐって、上杉氏派と北条氏派とに分裂していたのだろう。この内訌《ないこう》が伝えられる時期とほぼ同時期、永禄九年（一五六六）の閏《うるう》八月には、氏長は謙信から離叛して北条氏に従属している。

戦争が、戦国大名同士の戦争として展開されるような段階になって、いずれの大名に属すかという判断が、自己の存立のために重要な要素になってきた。内訌は、そうした外交路線をめぐる対立が家中内に潜在していた対立と結びついて表面化したものだった。国衆にとっても、その家中にとっても、厳しい政治判断がつねに求められていたのだった。

佐野氏系図

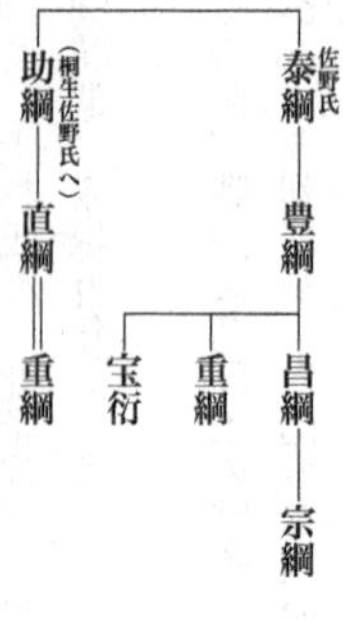

国衆離叛の雪崩現象

北条氏と上杉氏の関東の覇権をめぐる争いは、永禄十年（一五六七）になって、ひとまず決着がつくことになる。それは、謙信の権威の失墜によるものだった。永禄九年（一五六六）二月から三月にかけて、謙信は関東の味方勢力をほぼすべて動員して、北条方の下総小金高城胤辰《たねとき》（胤吉の子）の本拠の小金城（松戸市）、下総小弓原胤貞の支城の臼井《うすい》城（佐倉市）を相次いで攻めた。しかし、いずれも攻略できなかったばかりか、最後の総攻撃で五千人の戦死者を出してしまい、事実上、敗北したうえでの退陣だった。

謙信は四月に越後に帰国するが、その直後の五月から、それまで謙信方であった国衆が雪崩をうったように、次々と北条氏に服属していった。確認できるだけでも、五月に常陸小田氏、下総結城氏、下野小山氏、同宇都宮氏、閏八月に武蔵忍成田氏、上野新田横瀬氏（由良氏）、下野皆川氏、十一月に上野小泉富岡氏、そのほか、ほぼ年内から翌十年（一五六七）にかけて上野館林長尾氏、下総関宿簗田氏、同栗橋野田氏、同森屋相馬氏、上総土気酒井氏らも従属してきた。

それだけでなく、謙信の重臣で関東支配の先兵として上野廏橋城（前橋市）に据えられていた、北条高広《きたじょうたかひろ》までもが従属してきた。同十年初めには、常陸佐竹氏も和睦を結んできた。これと並行して、武田信玄による西上野経略も完了された。永禄九年（一五六六）九月に、西上野最大の国衆箕輪長野氏を滅ぼし、翌十年三月までに、白井長尾氏・惣社長尾氏を相次いで没落させた。こうして謙信の関東における勢力は急激に縮小された。

いまや武蔵・東上野・下野・常陸・下総のほとんどが、北条氏に従属することになった。謙信方として残ったのは、武蔵では羽生城、東上野では桐生佐野氏、下野では佐野氏ぐらいにすぎなかった。かつて謙信が初めて関東に侵攻してきたときと、まったく逆の現象が起きていた。

永禄十年（一五六七）秋になって、佐竹氏・宇都宮氏・簗田氏らは、ふたたび謙信に従属したが、その一方で佐野氏が離叛し、謙信は佐野城に派遣していた在城衆を引き上げ、佐野領から撤退した。佐野昌綱《まさつな》は北条氏に従属、同族の桐生佐野重綱《しげつな》（直綱《なおつな》の養子、昌綱の弟）もそれに同調した。これによって、謙信が直接に管轄した領域は沼田領のみとなった。

これでは、謙信は関東中央部に進軍することも簡単ではなくなった。永禄十一年（一五六八）に、関東への侵攻がみられなかったのは、こうした事情によっていた。それまでのように、味方の勢力圏を通過することで中央部に進軍できた、という状況ではなくなっていたのだった。謙信の軍事行動に従っても、みずからの存続にはそれほど役に立たないという認識を、多くの国衆が抱くようになっていたのだろう。周辺の国衆がすべて敵方になると、それこそ袋だたき状態にされかねないから、おのずとそうした情勢に便乗するようになる。ドミノ式の国衆の動向は、そうしたことから生じたのだろう。

もうひとつ、永禄九年（一五六六）秋から翌十年（一五六七）夏にかけては、深刻な飢《き》饉《きん》になっていた。多くの国衆たちにとっては、戦争どころではない、という状態になっていたのではなかろうか。飢饉は戦争を生じさせるとともに、戦争を停止させることもあった。自国の飢饉対策にならない戦争は、負担にしかならない。関東はもう何年にもわたって、そうした状況を続けてきた。深刻な飢饉の襲来を受けて、いよいよ限界にきていたのかもしれない。

第五章　国衆を困惑させた「越相同盟」

「三国同盟」崩壊と信玄の駿河侵攻

永禄《えいろく》十一年（一五六八）は、上杉謙信《けんしん》と武田信玄《しんげん》ともに、関東への進軍はみられなかった。そのかわりに、三月から信玄は奥信濃《おくしなの》に進軍し、上杉方諸城を攻撃した。同時に、奥《おく》越後《えちご》の国衆本庄繁長《くにしゅうほんじょうしげなが》、越中《えっちゅう》の国衆椎名康胤《しいなやすたね》を謙信から離叛《りはん》させ、これを積極的に支援して、謙信を本国越後に釘《くぎ》づけにさせた。信玄は十月まで奥信濃に在陣したが、上杉方の最大の拠点だった飯山城《いいやま》（飯山市）を攻略するにはいたらず、その後、甲斐《かい》に帰国した。

信玄と謙信は、ふたたび信濃に戦場を移して対戦を重ねるかにみえたが、信玄の奥信濃出陣はある種の陽動作戦だったようである。すでにこのころ、新たな対抗の枠組みの準備が進められていたのだった。それは、同永禄十一年（一五六八）十二月六日、信玄が甲府を出陣し、今川氏真《うじざね》と断交し、駿河《するが》に侵攻したことによって、はっきりとした。これは同時に、天文《てんぶん》二十三年（一五五四）以来、強固な攻守軍事同盟として全国的にも知られていた、「甲相駿《こうそうすん》三国同盟」の崩壊を意味した。

ことのきっかけは、永禄八年（一五六五）九月に信玄が尾張《おわり》の織田信長と和睦《わぼく》し、その証《あか》しとして十一月に四男勝頼《かつより》の妻に、信長の養女として東美濃《ひがしみの》の国衆遠山直廉《とおやまなおかど》の娘を迎えたことによる。それまで信玄は東美濃にも勢力をおよぼし、美濃の戦国大名斎藤《さいとう》氏と対立していた。しかしこのころになって、同じように斎藤氏と対立する信長が東美濃にも侵攻し、武田方と衝突するようになっていた。そこで両者は、同じく反斎藤氏という立場から和睦を結んだのだった。ところが、信長は同盟者の駿河今川氏真にとってはかつて永禄三年（一五六〇）の桶狭間《おけはざま》合戦で父義元《よしもと》を戦死させた仇敵《きゅうてき》だったから、これに信玄の嫡子義《よし》信《のぶ》が反発した。

義信の妻は義元の娘で、氏真の妹だった。三国同盟成立の際に結ばれた婚姻である。義信は、妻の実家今川氏から今川氏の立場を尊重するよう要請も受けていたのだろう。そして義信は、九月から十月までに宿老飯富虎昌《おぶとらまさ》らとともに信玄への謀叛《むほん》を企てたが、事前に発覚、義信は捕らえられ、甲府東光寺《とうこうじ》に幽閉された。義信に加担した飯富虎昌は首謀者として扱われ、処刑された。信玄は、この謀叛事件について、味方の国衆からの問い合わせに首謀者は飯富虎昌で、義信との関係は変わりないと答えている。

しかし、信玄と義信との関係は修復されなかった。事件から一年後の永禄九年（一五六六）閏《うるう》八月、信玄は家中から起請文《きしょうもん》を徴し、自身への忠誠を誓約させ、家中の結束を図っている。さらに一年後の同十年（一五六七）八月にも、甲斐・信濃・西上野《にしこうずけ》の一門・国衆・家中からふたたび起請文を徴し、改めて信玄への忠誠を誓約させている。

おそらくこのころ、義信の廃嫡などが決定されたのだろう。その直後、今川氏真は駿河から甲斐への塩荷通行を停止している。すなわち塩留めである。義信廃嫡に対する抗議を表したものだろう。現代の経済制裁にもあたるこの行為によって、武田氏と今川氏との関

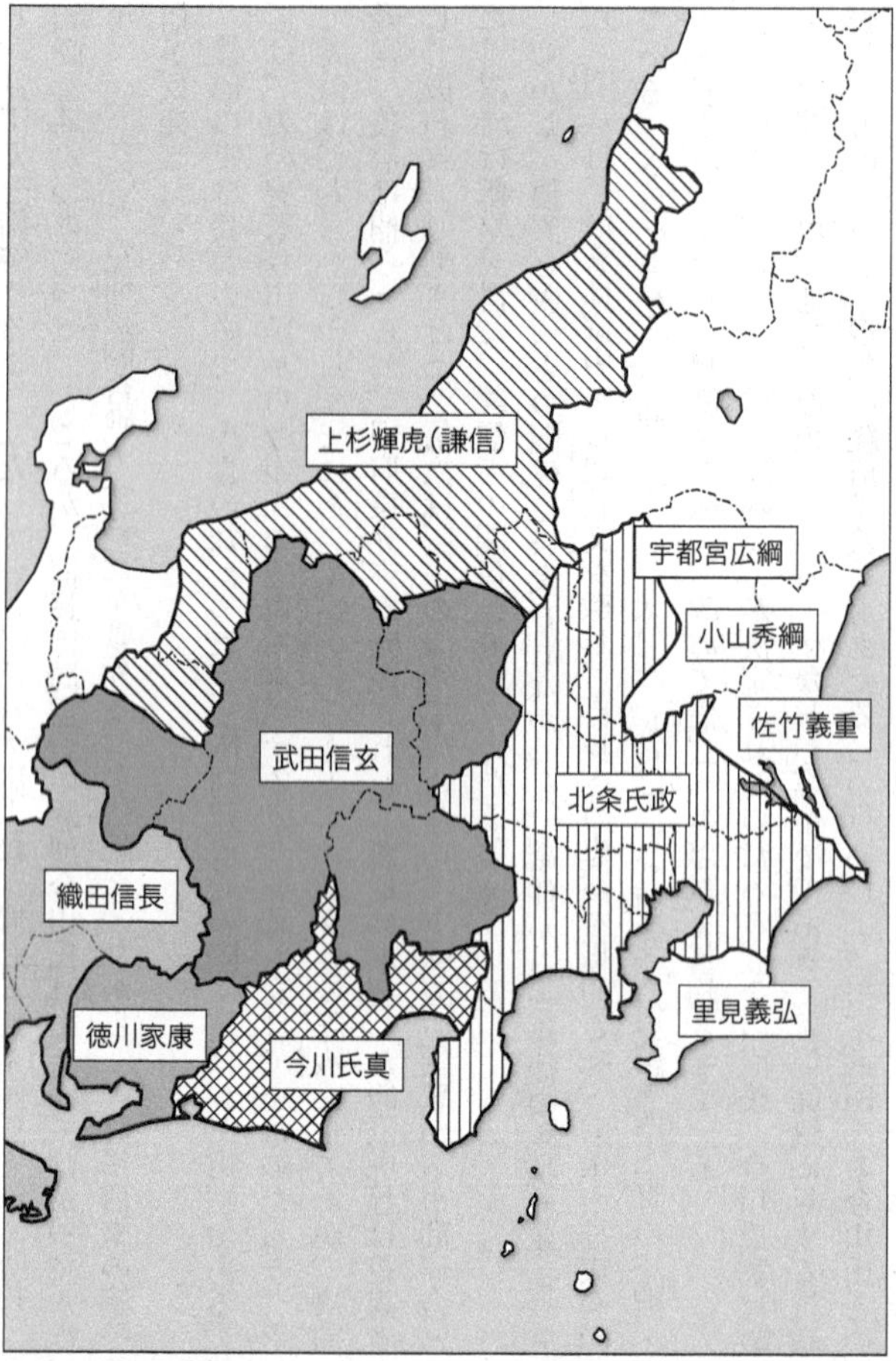

永禄11年末情勢図

係はにわかに緊迫した状況になった。

しかし信玄は、今川氏からの抗議にも動じず、十月十九日に義信を自害させた。これを受けて、今川氏真は妹の義信未亡人の引き取りを申し入れた。それは事実上、同盟関係の解消にも等しかった。信玄は、はじめこれに難色を示したが、氏真の執拗《しつよう》な要請により、また氏康《うじやす》・氏政《うじまさ》父子がそれを仲介したことで、同盟を維持する起請文の提出と引き替えに、義信未亡人の返還に応じた。そして、十一月十九日に彼女は駿府に戻った。しかし氏真は、信玄との同盟を維持する気はなかった。早くもその翌十二月から上杉謙信《けんしん》に接近し、ひそかに同盟を結んだ。これは、もう一方の同盟者であった、北条氏にも知らされていなかった。近代の国際戦争にみられるような、パワー・ゲームさながらの様相である。

氏真は謙信に信濃への侵攻を要請した。信玄が永禄十一年（一五六八）に入って北信濃に侵攻し、謙信から国衆を離叛させたのは、それへの対抗のためだった。ここまでくると、武田氏と今川氏の関係の決裂は決定的だった。そうして永禄十一年十二月に、信玄は、氏真が謙信と通交しているのは信玄を滅ぼそうとしているためだ、だからそれに対抗するということを理由に、今川氏との断交を宣言し、駿河に侵攻したのである。

北条氏、謙信との同盟を図る

北条氏は、信玄が駿河に侵攻すると、信玄からその事実と理由を連絡され、今川氏に味方しないで自分に味方するよう求められた。しかし北条氏は、今川氏を支援することにし、援軍を派遣した。武田・今川両氏の同盟関係の維持は、北条氏の仲介によるものであった。その北条氏にひと言の断りもない信玄の行動は、北条氏にとっては面目をつぶすものと受け止められた。面目をつぶされた場合、それは相手方を攻撃することで回復を図るのが中世人の常識であったから、北条氏はまったくためらうことなく、今川氏の支援、武田氏との抗戦を選択した。十二日には、当主の氏政自身も駿河に向けて小田原を出陣した。

その十二日、信玄は駿河に乱入し、待ちかまえる今川軍を撃破、翌十三日、その本拠の駿府《すんぷ》に乱入した。氏真らは没落し、宿老朝比奈泰朝《あさひなやすとも》の遠江懸川城《とおとうみかけがわ》（掛川市）に逃れ、信玄は駿府を占領した。氏真の妻は氏康の娘で、氏政の妹だった。これも前にも述べたように、三国同盟にともなって結ばれた婚姻である。彼女は氏真に従って、駿府から没落し懸川城に逃れたが、その際、輿《こし》を用意する暇もなかったため輿には乗れず、徒歩で逃避する羽目になっていた。そのことを聞いた氏康は「この恥辱、雪《そそ》ぎがたし」と激昂《げきこう》した。

北条氏の援軍は、十四日には富士川を越えて、武田方の最前線になっていた薩埵山《さったやま》（静岡市）と対峙《たいじ》する、庵原《いはら》郡の蒲原《かんばら》城（静岡市）に入城している。さらに海路から、懸川城にも援軍を派遣した。こうして北条氏は、武田氏と対決していくことになった。それにあわせて、氏政の妻になっていた信玄の娘を離別し、甲府に送り返した。正確な時期はわかっていないが、この年の年末から翌年にかけてのことだろう。北条氏は、明確に武田氏との断交を表明したのである。

これまでに武田氏と対戦したことがなかったわけではない。天文十三年（一五四四）に和睦するまでは、武田氏とは長く対立関係にあった。しかし、そのころの武田氏は、本国甲斐から信濃に進出したばかりの程度だった。それと比べて、いまの武田氏は、大国信濃のほとんどと西上野を領国に加え、さらに飛驒《ひだ》や東美濃にまで勢力をおよぼしている、有数の大大名になっていた。領国の規模からいえば、それこそ北条氏に匹敵する存在であった。しかも、それぞれの本国の相模《さがみ》と甲斐とは隣接していたから、武田氏との対戦は隣国の強大な大名との全面戦争を意味した。本国が遠く離れていた謙信との抗争とは比較にならない、緊迫感をともなうものだった。むろん、北条氏にとって、こうした事態を迎えるのは初めてのことだった。

そのために北条氏がとった対策は周囲を驚かせるものだった。長年にわたって対立していた謙信に同盟締結を申し入れたのである。史料として確認できる最初は、十二月十九日付で、氏康の三男で、氏政の弟の氏照《うじてる》が、元・上杉氏の重臣だった廏橋《まやばし》城（前橋市）の北《き》条《じょう》高広《たかひろ》を通じて、同盟締結を打診したものである。氏照は、武田氏との対戦にいたった経緯を述べたうえで、そうした事態になったのは今川氏が上杉氏に内通したからだ、かくなるうえは一味しようではないか、と同盟をもちかけている。しかしこれは、氏康父子の考えはわからないが、と断っているように、北条氏からの公式の申し入れではなく、氏照自身の判断によるものだった。

それよりも若干早く、氏康の指示を受けて、四男氏邦《うじくに》がすでに上杉氏に同盟を打診していたらしい。こちらは氏康の指示を受けたものだったから、北条氏からの公式の申し入れにあたる。氏邦は、かつて上杉氏に従属していた、金山《かなやま》城（太田市）の由良成繁《ゆらなりしげ》（元・横《よこ》瀬《せ》氏）に依頼して、上杉方の最前線拠点にあたる沼田《ぬまた》城（沼田市）に在番する上杉氏の重臣で、沼田三人衆と称された、松本景繁《かげしげ》・河田重親《しげちか》・上野《うえの》家成《いえなり》に申し入れた。その返事が、翌永禄十二年（一五六九）早々に返された。その際、上杉氏からは和睦条件として三箇条の条件が通達された。

正月二日、氏康は条件受諾の旨を沼田三人衆に返答している。当主氏政はいまだ駿河に在陣中だから、小田原城に在城している自分がとりあえず返答すると述べ、謙信から同意を獲得できるよう周旋を依頼している。こうして氏康が上杉氏からの条件受諾を表明したことにより、同盟に向けての交渉が本格的に進められることになった。

交渉を仲介する国衆

現代の国家間でも、外交は決まったルートによっておこなわれる。国交のある国家とは、外務省を通じておこなわれる。しかし国交のない国家とは、そうしたルートは存在していない。そうした場合、外交のチャンネルはいわゆるツテを通じて開かれる。たとえば北朝鮮との場合、中国やロシアを通じておこなわれるように。こうした事情は、戦国大名においてもまったく同様だった。戦国時代では、そうした外交ルートを取次《とりつぎ》と称していた。

　北条氏と上杉氏はこれまで対立しかしてこなかったから、直接に交渉したことはなかった。そのため取次も存在していなかった。北条氏が、上杉氏と新しく外交チャンネルを開くために仲介を頼んだのが、金山城主由良成繁と廏橋城主北条高広であった。いずれも、上杉方の沼田領に接して存在した、北条方の最前線に位置していた国衆だった。由良氏は永禄九年（一五六六）に北条氏に従属してくるまでは、上杉氏に従属していた。北条高広はもともと越後の国衆の出身で、謙信の重臣として廏橋城に据えられていたが、由良氏が北条氏に従属したのと同じ時期に北条氏に従属してきた存在だった。

　ともに数年前までは上杉方であった。北条氏に従属してからは表だって上杉方との通交はおこなっていなかった。それ自体が敵方内通と認識されるからである。しかし両者のように、戦国大名の境目に位置する国衆は、情勢によってその帰属先を変えることがみずからの存立を維持するうえで重要であった。そのため、いつでも交渉にかかれるチャンネルが用意されていた。直接に外交ルートをもたない北条氏は、上杉方とのチャンネルがある由良氏と廏橋北条氏を交渉の窓口にしたのだった。

　そして、北条氏のなかで由良氏との取次を務めたのが氏邦、廏橋北条氏との取次を務めたのが氏照だった。氏康が、由良氏に仲介を依頼するにあたって、氏邦に指示を出したのはそうした取次関係にもとづいたものだった。言い換えれば、北条氏にとっても由良氏にとっても、互いの外交ルートは氏邦を通じたものしかなかったのである。廐橋北条氏の場合も同様で、氏照を通じたものが唯一の外交ルートだった。

そうしたことは、由良氏・廐橋北条氏と上杉氏とのあいだでも同様だった。由良氏は、氏邦から届けられた書状に自身も書状を認めて、沼田三人衆に送った。そこから謙信側近の河田長親に送られた。沼田三人衆への取次を河田長親が務めていたためだろう。しかし彼は他方で、いまだ上杉氏に味方する関東の国衆に対しても取次を務めていたため、同盟交渉の取次役は引き受けなかった。そのため沼田三人衆は、代わりに側近の山吉豊守《やまよしとよもり》に取次を依頼している。廐橋北条氏の場合も同じようなもので、氏照からの書状に自身の書状を添えて、沼田三人衆を通じて側近の直江《なおえ》景綱《かげつな》に送られている。

はじめ、氏邦・由良氏と氏照・廐橋北条氏という二つのルートによって交渉が進められるかたちになったが、上杉側は氏康の意を受け、かつ接触も早かった氏邦・由良氏ルートを交渉相手と認め、氏照・廐橋北条氏ルートにはしばらく返事もしなかったらしい。二月になって、氏康によって両ルートの統合が図られ、その結果、氏康・氏政父子から、それぞれの側近の遠山康光《とおやまやすみつ》・康英《やすひで》父子、垪和《はが》康忠《やすただ》を経て、氏照・氏邦、由良氏、沼田三人衆と経由して、謙信重臣の柿崎景家《かきざきかげいえ》と側近の山吉豊守を経て謙信へ、という外交ルートが形成された。以後の同盟交渉は、このルートによって進められていった。

これをみると、両大名の結節点に位置したのは国衆の由良氏であったことがわかる。国衆は、大名間戦争を引き起こすような存在でもあれば、このように戦争を停止し、平和を構築するうえでも重要な役割を担う存在であった。いやむしろ、戦争と平和が繰り返された戦国時代、その戦争と平和とは、国衆とその領国を基本的な単位としたものであったとすらいっていい。戦国時代の終結が同時に国衆の消滅でもあったというのも、そう考えるとわかりやすいだろう。

交渉の場は「第三国」

交渉の開始にあたって、謙信からはあらかじめ三箇条の条件が示されていたが、その内容は正確にはわからない。しかし、その後の交渉過程から推測すると、①関東管領《かんれい》職の譲渡、②領土の協定、③氏政は謙信と同陣すること、それらの契約の証拠として、④起請文を提出し、⑤養子縁組すること、というものだったと思われる。

北条氏は、これらを提示されると、正月二日に氏康がこれらについて基本的に受け容《い》れる内意をすぐに上杉方に返答していたが、正式な返答は二月になってからだった。当主氏政は駿河に在陣中だったから、それとの連絡に時間が必要だったのだろう。

上杉方から提示された条件受諾を表明する、氏康と氏政の起請文が用意され、あわせて北条氏からの条件を列記した条目を作成し、菩提寺早雲寺《そううんじ》の塔頭《たっちゅう》の天用院院主を使者として派遣することになった。二月六日付で、氏康はこのことを伝える、由良氏や沼田三人衆に宛《あ》てた書状を認《したた》めている。

このとき、氏康は謙信に直接宛てた書状はひとまず用意せず、沼田三人衆や直江景綱・柿崎景家宛の書状を認めるにとどめた。また本来、起請文の添状として、氏照・氏邦が連判した書状も添えられるはずだったが、ともに別の陣中（氏照は下総《しもうさ》、氏邦は駿河）にあったため、到着が遅れていた。天用院の小田原出立はしばらく待たされたようだが、十日になってその到着を待たずに出立した。氏照・氏邦連判の添状が小田原にもたらされたのは、十三日のことだった。

天用院が沼田に着いたとき、そこから越後への道のりは「余りに寒雪風の時節、叶い難」し、と吹雪が激しい状況だった。天用院には耐えられなかったのであろう、天用院は沼田に滞留することにし、代わって三人衆の一人松本景繁が氏康・氏政の起請文などを携えて越後に入った。北条氏は、二十六日以前にはそのことの連絡を沼田在城衆から受けたらしい。

三月三日付で氏康が、同七日付で氏政が、それぞれ直接、謙信に宛てた書状を認めているが、それは二度目のものだったから、それ以前に書状を出していたことがわかる。上杉方からは、起請文が届けばすぐに支援のために信濃に出陣する、と伝えられていたらしいから、松本が越後に入ったという連絡を受けて、謙信に出陣の依頼のための書状を出していたのだろう。しかし出陣の連絡がないので、それを要請するために二度目の書状を出したのだろう。同時に氏康と氏政は、由良氏や沼田在城衆に宛てた書状を認めている。

これらの書状類は、氏政からの書状が小田原に届けられ、氏康の書状とあわせて由良氏に届けられ、そこから沼田城に届けられた。氏康と由良氏とを取り次ぐ遠山康光が十日付で由良氏に返書を出しているから、それらの書状類はそれ以前に出されたことがわかる。その後すぐに、氏康側近の遠山康光と氏政側近の垪和康忠が、由良氏の居城の金山城に向かい、十六日に同地に到着した。これは早く二月二日に、遠山氏らと沼田在城衆で条件交渉を「半途」（途中）で会談しようと、沼田三人衆に申し入れていたことだった。当初は二月十六、十七日ごろを予定していたから、ほぼ一ヵ月の遅れであった。

松本景繁が、氏康父子の起請文への謙信の返事を携えて、越後から沼田に戻ったのは三月二十六日以前のことだった。天用院はそれを受け取ると、二十六日に小田原に向けて沼田を出立した。謙信の返事が出たことで、いよいよ遠山・垪和と沼田三人衆の対談の日程調整に入った。場所は由良氏の居城の金山城で、日程は由良氏が提示した、来月七日、八日ごろとなった。由良氏と沼田三人衆とのあいだでは、沼田領の国衆の一人の小川夏昌斎《かしょうさい》が仲介していた。

会談の正確な日取りはわかっていないが、四月二十三日付で越後にいた山吉豊守が遠山康光に宛てて条書を出しているから、予定どおり四月上旬から中旬ごろにおこなわれたのだろう。この対談は、同盟交渉が始められてから双方の家中同士による初めてのものだった。対談は、先に列記した、同盟のためのさまざまな条件についての交渉が目的だった。現代風にいえば、両大名はようやく交渉のテーブルに着いた、ということになる。

そしてその場所は、両大名を仲介する国衆の由良氏の本拠だった。両大名の直接の領国ではない、「第三国」においておこなわれたのである。それまで敵対関係にあった、両大名の家中同士が一所に会することができたのは「第三国」であったからこそだった。

難航する条件交渉

同盟条件のうち、①関東管領職の譲渡はあっさり合意された。北条氏は、関東管領職を謙信に譲った。それは身分の変更だった。関東管領は、古河公方《こがくぼう》に次ぐ政治的地位だった。それを失うことは、一大名の地位に格下げになることを意味した。

それまで北条氏は、謙信に宛てた書状では「上杉弾正少弼《だんじょうしょうひつ》殿」と宛名書きし、対等の戦国大名として扱っていたが、この後は「山内《やまのうち》殿」というように、ほかの関東の大名・国衆と同じく、謙信を上位者として扱うようになる。そもそも同盟は北条氏の希望であったから、やむをえない妥協だった。ただこれについては、⑤養子縁組として、氏政の子が謙信の養子に入ることにともない、将来的にはその子に関東管領は譲渡されることになった。

これとあわせて、古河公方を誰にするかということも問題になった。謙信は、かつて初めて関東に侵攻した際に、公方として擁立した経緯のある藤氏《ふじうじ》を主張した。しかしその藤氏はすでに死去していた。謙信はそんなことも承知していなかったのである。そのため、当時、北条氏に庇護《ひご》されて、鎌倉にいた義氏《よしうじ》をそのまま承認した。謙信にとって、古河公方の地位は本音的にはどうでもよかったのだろう。これを受けて、翌元亀《げんき》元年（一五七〇）六月、義氏は鎌倉から歴代の本拠の古河城（古河市）に移り、公方領国への復帰を果たす。義氏は、謙信の最初の侵攻の際の永禄四年（一五六一）に公方領国から退去し、その後は上総《かずさ》佐貫《さぬき》城（富津市）、次いで鎌倉への在所を余儀なくされていたから、十年ぶりの帰還であった。

③氏政は謙信と同陣することというのは、謙信が加勢として出陣した場合、氏政は謙信と陣を同じくするということである。まったくの対等の関係であれば、謙信は援軍になる。しかし謙信を上位者として扱うため、援軍の謙信が総大将になるのだから、それは旗下に属すことに等しい。しかしこれは加勢としての出陣が前提になっているから、これについても北条氏は同意した。ただこれについては、謙信は氏政が同陣してきたら加勢するといい、北条氏は加勢として出陣してきたら同陣するといい、まったく嚙《か》み合わない主張を繰り返していくことになる。

争点となったのは、②の領土の協定だった。上野は山内上杉氏の本国ということで謙信が、伊豆・相模・武蔵《むさし》は北条氏が数代にわたって当知行《とうちぎょう》（現実に支配）しているから北条氏が、それぞれ管轄するという大筋では合意をみた。そのほかの国々のうち、下野《しもつけ》・常陸《ひたち》・上総・安房《あわ》は謙信、下総は北条氏の管轄とされたらしい。しかし各論になると、なかなか合意に達しなかった。上杉側は、かつて永禄三年（一五六〇）に謙信に参陣した国衆は謙信の従属下におくことを主張していた。いってみれば、かつて謙信の勢力がもっとも大きかったときの状態に戻そう、というものだった。

具体的に問題になった事項は多く、交渉の経緯も錯綜《さくそう》しているため、すべてを取り上げることはやめ、代表的なもののみ、ふれることにしよう。

双方がこだわる国衆の扱い

ひとつめは、上野河内地域の国衆の扱いである。上野一国は謙信の管轄にされたが、北条氏は交渉後も半国ずつ抱えることを申し出ている。北条氏がこだわったのは、河内地域と称された、利根川流域の地域の国衆が北条氏に従っていたため、その維持を求めたのだった。具体的には、廏橋北条氏・金山由良氏・小泉富岡《こいずみとみおか》氏・館林長尾《たてばやしながお》氏の存在だった。

結果としては、北条氏の申し出は認められず、すべて謙信に服属することになるが、その過程で北条氏はそれら国衆の進退の保証を謙信からとりつけている。彼らは以前に謙信に従属しており、離叛して北条氏に従属するようになっていた存在だったから、彼ら自体、進退の存続に不安を抱えていただろう。その不安を解消することなくして、同盟交渉の進展はありえなかったに違いない。

ただ注意しておきたいのは、同盟が成立したあとの八月に、由良氏は、北条氏に「浮沈ともに相重ねるべし」と、北条氏と浮沈をともにしますという趣旨の血判起請文を提出し、北条氏はそれに応《こた》えて、上野一国の支配を承認している（「集古文書」）。これは両氏のあいだで交わされた密約以外の何ものでもない。すでに上野は謙信の管轄、由良氏は謙信に従属するということが取り決められたあとなのだから。こうしたところに、国衆の帰属の変更をともなう、この同盟の実現の困難さを垣間《かいま》見ることができよう。

二つめは、武蔵北部の国衆領の扱いである。具体的に問題になったのは、藤田・秩父・成田・岩付《いわつき》・松山・深谷・羽生《はにゅう》の七領だった。羽生領を除き、すべて北条方だった。藤田・秩父両領は、国衆藤田氏の名跡を継いだ氏邦の鉢形《はちがた》領になっていた。成田領は忍《おし》成田氏領。岩付領は岩付太田氏領だが、当時は当主不在で北条氏が直接支配していた。松山領も北条氏が直接支配していたが、元城主の国衆上田氏領が多く存在していた。深谷領は深谷上杉氏領だった。北条氏は、とりあえずは謙信の要求を承伏した。

そこで謙信は、岩付領・松山領については、岩付太田氏の本領だったからと岩付太田氏の復活を求めてきた。具体的には、当時、常陸佐竹氏に身を寄せていた、太田資正《すけまさ》・梶原《かじわら》政景《まさかげ》父子に両領を返還させるということだった。これに対して北条氏は、太田資正父子を復帰させるなら、梶原政景を小田原に人質にとることを要求するなど、両領の扱いについてはのちのちまで交渉が続けられていくことになる。そして最終的に、謙信に帰属したのはみずから謙信に従った深谷上杉氏だけだった。

三つめは、下総関宿《せきやど》領の簗田《やなだ》氏の処遇である。簗田氏は古河公方家の宿老だったが、このときは公方家から離叛して謙信方だった。しかもこのとき、北条氏は関宿城を攻撃していた最中だった。そのため停戦し、北条軍は撤退することが交渉された。また同盟が成立すると、簗田氏は公方家に帰参しなければならなくなるが、公方家からは切り離し、引き続き謙信に従属することになった。いわば簗田氏の地位の保全であった。

起請文の交換で同盟成立

細部においてはまだ交渉が続けられていくものの、四月末に、領土協定について大筋においてともかくも合意に達し、いよいよ起請文の交換の段階になった。現代でいえば、平和条約の調印である。

五月初めごろに、北条氏の使者が小田原を出立し、十八日に越後に入国している。二十五日ごろに春日山《かすがやま》城に到着したらしい。そして閏五月初めごろ、謙信は北条氏康・氏政父子に宛てて、和睦条件を誓約する血判起請文を作成した。血判は、相手方の使者の目の前で据えられるのが慣例で、この場合も北条氏の使者天用院の眼前で据えられている。

謙信の血判起請文を携えて、天用院らの北条氏の使者一行は、今度は逆に氏康父子から謙信に宛てた血判起請文をもらうための上杉氏の使者とともに越後を出立した。閏五月十五日に上野沼田城に到着している。天用院らは月末に小田原に到着し、上杉氏の使者は少し遅れて小田原に到着したらしい。そして六月九日、北条氏側も上杉氏の使者の眼前で血判起請文を作成した。

こうして北条氏と上杉氏の同盟は、ようやく成立をみた。交渉が始まってから、ほぼ半年が経っていた。このあとは同盟条件の実現ということだが、これがまた難航をきわめた。北条氏が何より要求していたのは、謙信が信濃に出陣し、武田氏を背後から攻撃することだった。同盟もそのために結んだのである。ところが謙信は越中に出陣してしまい、信濃にはいっこうに出陣する気配をみせなかったから、北条氏はこれを問題にした。

一方の謙信は、出陣にあたっては氏政が同陣することを要求していたから、水掛け論のような状態になっていた。さらに北条氏側が、松山領の譲渡について難色を示していることや、契約の証拠としての証人（人質）の提出が遅れていたことを問題にしていた。松山領は上田氏の本領だからとか、証人については氏政の次男国増丸に決まっていたが、氏政はまだ五、六歳だからと提出を渋っていたのだ。

そのため、互いに同盟条件の履行をないがしろにしているわけではないこと、しっかり実現することを誓約する起請文を交換することになった。十月に氏康・氏政父子から謙信に対し、十一月に謙信から氏康父子に対し、それぞれ起請文が提出された。再度の起請文の交換を受けて、謙信はようやく関東に出陣し、十一月二十一日に沼田城に着陣した。北条氏は、謙信はそのまま西上野の武田領国に侵攻するものと思っていたが、案に相違して、明けて元亀元年（一五七〇）正月早々、下野佐野氏を攻めたことにやや驚いた。佐野氏もそれまで北条氏に従属していた国衆であり、同盟成立によって謙信に帰属することになったのだが、佐野氏はそれに拒否的な態度をとったからだった。北条氏は、佐野氏に素直に謙信に降伏するよう勧告している。

北条三郎を証人として提出

謙信は二月半ばまでしばらく佐野に在陣し、そこで北条氏からの証人提出が論じられた。北条氏は、当初予定されていた氏政次男の国増丸ではなく、氏康の末子で氏政には末弟にあたる三郎に換えたうえで、証人を提出することになった。三郎は、前年十二月に一門の久野北条宗哲《そうてつ》の婿養子になっていたばかりであったが、それを破棄したうえでの変更だった。それらの決定を受けて、氏康・氏政父子は謙信にまた起請文を提出した。

その後も援軍のことや武蔵の国衆領の割譲について交渉が重ねられるが、それらの解決にそれぞれ誠意をもって対処するという趣旨の起請文を三月に交換し合っている。もうこれで三、四度目の起請文交換である。ここまで、同盟条件のうち確実に実現されたのは、関東管領職の譲渡ぐらいである。そのほかのことはいまだ協議中という状態だったが、ここにきてようやく証人提出が実現されることになった。

そして四月五日、三郎は小田原を出立、九日に廏橋城、十日に沼田城に到着し、同城に在城していた謙信に対面した。その後、謙信に連れられて越後に向けて出立、十八日に春日山城に到着した。そして二十五日、城中で養子縁組の祝儀がおこなわれた。ここで三郎は、謙信の初名の景虎《かげとら》を与えられ、以後、上杉三郎景虎と名乗った。この景虎こそ、のちの天正《てんしょう》七年（一五七九）に、前年の謙信の死去から生じた、越後御館《おたて》の乱で義兄の景勝《かげかつ》との家督争いに敗れ、悲劇的な最期をとげる人物である。

この養子縁組によって、いよいよ同盟が本格的に始動することになった。態度をあいまいにしていた東上野の国衆らも、明確に謙信に帰属することになった。北条氏とのあいだで上野一国支配の密約を結んでいた由良氏もそうだった。これを機にして、由良氏ではかつて謙信から離叛した経緯がある成繁は当主の地位から退き、子の国繁《くにしげ》が当主に就いて謙信への出仕を果たすことになった。

この間、北条氏と上杉氏とのあいだでは何回にもわたって起請文が交換された。長年にわたって決定的な対立を続けていた両者だったから、そもそも意思の疎通、信頼関係の醸成に時間がかかったことは否定できない。ただ起請文の交換は、比較的仲のいい大名同士のあいだでも頻繁に交換されるものだった。それ以前の甲相駿三国同盟でも互いに頻繁に交換されていた。むしろ、いつ関係が悪化してしまうかわからない戦国時代だったからこそ、頻繁に起請文を交換することで互いの同盟関係を確認し合う必要があったのである。

自立路線を選択した佐竹氏・里見氏

北条氏との同盟交渉を進めるのと並行して、謙信にはほかにも交渉を進めていたものがあった。それは、味方の関係にあった常陸《ひたち》佐竹義重《よししげ》や房総《ぼうそう》里見義弘《よしひろ》（義堯《よしたか》の子）から、北条氏との同盟について合意をとりつけるためのものだった。なにしろ彼らこそ、北条氏ともっとも鋭く対立していた存在だった。交渉が始まった永禄十二年の当初、謙信は彼らからの問い合わせに対し、和睦には応じない旨を返答していた。

しかし四月に入って、領土協定の交渉が具体的に進められた段階になって、それら味方中にも北条氏との和睦が伝えられたらしい。ちょうどそのころから、武田信玄が彼らに接近しはじめていたから、謙信としても彼らを何とか味方につなぎとめておく必要があった。佐竹義重らとの交渉の内容は、彼らの進退の保証である。しかしそれは同時に、敵対していた国衆との領土問題を解決することでもあった。義重は、そもそも北条方の小田氏《うじ》治《はる》・結城《ゆうき》晴朝《はるとも》と激しく抗争していた最中だったし、永禄十二年（一五六九）十一月には、小田氏治を本拠の小田城（つくば市）から没落させるまでになっている。

里見義弘は、北条氏とは江戸湾をはさんで抗争する関係にあった。北条氏は、永禄十二年（一五六九）正月に義弘にも和睦を申し入れていたが、あっさりと拒否されている。その後は、謙信から和睦に応じるよう働きかけてもらっているが、江戸湾での交戦は続いていたし、むしろ義弘はここぞとばかりに江戸湾沿岸域への侵攻を繰り広げていた。

そうしたことから、里見義弘は謙信の働きかけにも誠意をみせなかった。謙信からは下総の支配をまかせようという条件まで提示されたが、義弘はこれには応えず、書札礼《しょさつれい》における不満を述べたりしている。謙信はこれに接して、きっと信玄に味方するつもりだと感じ取っていた。これが九月下旬のことだった。その後も謙信はいろいろと働きかけたようだが、結局、里見氏はそのまま信玄と盟約を結んでいった。

佐竹義重に対しては、かねてから懇意の関係にあった、その配下の太田資正・梶原政景父子らを通じて、元亀元年（一五七〇）正月、佐野陣への参陣を求めた。謙信としてはさらに証人も提出させようと考えていた。

佐竹義重は、前年十二月に攻略した小田領の仕置《しおき》にあたっていた。そこから、謙信の要請に応えて佐野に向かって陣を移したが、謙信のもとにはなかなか参陣しなかった。謙信は、せめて資正父子のいずれかが参陣しなければ、世間は謙信と義重は不和になったととるだろうからといって、参陣を強く求めた。しかし謙信の佐野在陣中に、義重らは陣を払って引き返してしまった。

その後も、謙信は沼田城に在城しているなか太田資正父子に沼田への参陣を求めたが、これも実現をみなかった。あろうことか資正は「内儀の輝虎書中、東方においてひろげ物にこれを成し」と、謙信からの内密の書状類を義重ら味方中に回覧していたようで、これを由良氏からの連絡で知った謙信は、「中々美濃守（太田資正）心中見限り候」「偏に美濃守の事は、天罰者にて候」と、資正は信用できない、ただただ資正は天罰者だなどといって、資正の行為に激昂している（「謙信公御書」）。

四月になると、義重や資正らからの連絡はなくなった。取次にあたっていた河田長親と山吉豊守は何とか引き留めを図って、資正の妹などにもしきりに書状を送って説得を依頼したりしたが、そうした動きも八月を最後にみられなくなる。ついに佐竹義重らは、謙信との断交に踏み切ったのだった。義重には、すでに味方になっていた常陸の江戸氏・大掾《だいじょう》氏・真壁氏・鹿島氏や、下野の宇都宮氏・小山氏らが同調していた。

北条氏と上杉氏という二大勢力が抗争していた時期、関東の国衆らはそれぞれと結びついて、敵対する国衆との抗争を繰り広げていた。しかし、その両大名が和睦することになったからといって、そうした国衆同士の抗争がすぐに停戦にいたるのはむずかしかった。そもそも、北条方の国衆への対抗のために彼らは謙信を関東に呼び込んできたという関係にあった。そのため、それに同意することができなかった佐竹氏らは、独自の路線を歩み出すことになった。

そしてその動きは、しばらくのちの天正六年（一五七八）から佐竹氏を盟主に「一統」というかたちで、たしかなものになっていく。北条氏にも上杉氏にも従えない国衆らは佐竹氏に結集することで、存続を果たそうとしていったのである。二大勢力の狭間《はざま》のなかで、個々の国衆は単独では対応がむずかしかったが、結集することでひとつの政治勢力を形成することになった。

これこそ、関東自前の戦国大名の形成といってもいい。彼らはこの後、里見氏とも連携しながら、北条氏とも上杉氏とも一線を画す、第三の政治勢力として存在していくようになる。それは、彼らがみずからが支配する領域の平和と相互の平和を実現するために選択した新たな方法だった。

去就に悩む関東の国衆たち

北条氏と上杉氏の同盟は、それこそ関東の国衆すべてに、その去就をめぐって影響を与えた。その状況を少しだけだがみていくことにしよう。

すでにみてきた里見義弘や佐竹義重は、北条氏とも上杉氏とも結ばないで、信玄と結んで関東における自立を模索した。その影響から、佐竹氏と敵対していた小田氏治は、逆に謙信と結んでいる。氏治は、永禄十二年（一五六九）十一月に佐竹氏によって本拠の小田城（つくば市）から没落させられて、宿老菅谷政貞《すげのやまささだ》の居城土浦城（土浦市）に後退、元亀元年（一五七〇）二月に去就が定かでなくなっていた宿老信太《しだ》伊勢守を誅殺し、その居城であった木田余《きだまり》城（土浦市）を本拠とするようになっていた。

そして北条氏と謙信との同盟交渉が進み、また佐竹氏と謙信との関係がうまくいっていない状況をみて、謙信に従属を申し入れ、翌元亀二年(一五七一)二月にはほぼ交渉の成立をみている。この後、氏治は謙信にしきりに佐竹氏攻撃を要請していくことになる。

また同盟によって、北条氏から上杉氏に管轄が移管されることになった武蔵北部から上野・下野の国衆たちはさまざまな対応をみせていく。同盟を仲介した上野金山城の由良成繁は、先にもふれたように、謙信への服属の姿勢をとりながら、北条氏とのあいだでは上野一国の領有を認められるという密約を結んでいたように、本音は北条方の態度をとっていた。ただ謙信への服属にあたって、家督を嫡子国繁に交替させられている。同じく同盟の仲介に携わった上野厩橋城の北条高広はもともと謙信の重臣であったことから、北条氏からの取り成しによって処罰を受けないことを条件に謙信への帰参を果たしていた。しかしここでも、高広から嫡子景広《かげひろ》へ家督が交替させられている。

進んで謙信に従った者に、武蔵深谷領の深谷上杉憲盛《のりもり》がいる。北条氏と謙信との同盟が成立した直後の永禄十二年(一五六九)七月には、自発的に謙信に服属するようになっている。また、上野館林城(館林市)を本拠としていた長尾顕長《あきなが》(由良成繁の次男)も、北条氏と謙信との同盟成立を受けて、永禄十二年のうちには謙信に従っている。しかし館林領は、かつてその養父景長《かげなが》の代の永禄五年(一五六二)に赤井氏の滅亡にともなって謙信から新たに与えられたものであったため、従属とともに没収されてしまった。顕長は本来

ってなる。
の領国である下野足利領のみを安堵《あんど》され、本拠を足利城（足利市）に戻さざるをえなくなっている。

それに対して、下野佐野昌綱《まさつな》はあくまでも謙信への服属を拒否した。そのため元亀元年（一五七〇）正月に、謙信から攻撃を受けることになる。昌綱はいったんは謙信に服属するが、しかしあくまでも謙信への服属を拒否し、やがて謙信から離叛して、里見氏・佐竹氏と同じく、信玄と結ぶようになっている。このような紆余《うよ》曲折の状況は、多かれ少なかれ、すべての国衆に共通したものであった。

第十八章　信玄の猛攻と北条氏の危機

駿河での攻防

話を少し戻して、北条氏と武田氏との抗争の様子をみることにしよう。永禄《えいろく》十一年（一五六八）十二月に、武田信玄《しんげん》が三国同盟を破棄して駿河《するが》に侵攻すると、北条氏は今川氏支援のために援軍を派遣し、当主氏政《うじまさ》も駿河に向けて出陣した。年内には、北条氏は駿河の東半分にあたる河東《かとう》地域を制圧し、さらに富士川を越えて蒲原《かんばら》城（静岡市）を最前線に、武田方の最前線になっていた薩埵山《さったさん》陣（静岡市）と対峙《たいじ》したことまでは述べた。

明けて永禄十二年（一五六九）正月二十六日、伊豆三島（三島市）に在陣していた氏政はいよいよ西進し、同月晦日《みそか》には富士川河口の吉原《よしわら》陣（富士市）に着陣している。そして二月六日に薩埵山在陣の武田勢を撃退し、これを追って同山に布陣した。一方の武田方は庵原郡興津《いはらぐんおきつ》城（静岡市）を前線拠点とした。そうして両軍は興津川をはさんで対陣することになった。

信玄は駿府《すんぷ》の占領をとげていたものの、北条氏との対陣によって身動きがとれなくなった。他方、遠江懸川《とおとうみかけがわ》城（掛川市）に籠城《ろうじょう》した今川氏真《うじざね》に対しては、信玄から要請を受けた徳川家康が進軍し、これを包囲した。信玄は駿河侵攻にあたって、織田信長の同盟者である家康に駿河と遠江とをそれぞれで領有しようという盟約を働きかけ、東西両面から今川領国に侵攻したのだった。しかし、懸川城には海路から北条氏の援軍が多く加わっていたこともあって、容易に落城の気配はみえなかった。

戦況が硬直化してしまい、さらに甲斐《かい》への退路を断たれることを嫌った信玄は、四月二十四日に、興津城・久能《くのう》城（静岡市）の守備を固めたうえで、興津城から退去して帰国した。これを受けて氏政は今川氏真の救出を図り、包囲する家康との交渉にとりかかった。家康もちょうど信玄への不信感を募らせていたから、これに応じた。信玄とは遠江は家康にという約束だったにもかかわらず、信玄は信濃《しなの》から軍勢を侵攻させるという明確な協定違反を犯していたからだった。

家康との和睦《わぼく》は五月九日には成立し、同十五日、氏真は懸川城を開城し、これを家康に引き渡し、同十七日、自身をはじめとする籠城衆は北条氏に引き取られ、蒲原城に入った。北条氏からの援軍や今川勢は、そのままこの蒲原城や薩埵山陣に在城することになる。さらに、氏真の家臣によって駿府の奪還がとげられた。そして氏政も氏真救出を見届けると、ようやく小田原に帰陣した。上杉氏との同盟交渉では、もう領土協定の交渉が終わっていたころのことだった。

氏真とその家族らは蒲原城からさらに東に向かって、閏《うるう》五月三日には、河東東端の沼津（沼津市）に到着し、次いで大平城（同）に入城する。注目しておきたいのは、ちょうどその間に、氏真は氏政の嫡子国王丸（のちの氏直《うじなお》）に今川氏の名跡を譲っていることである。これは、駿河支配権を北条氏に譲渡することを意味した。しかも国王丸は、このとき

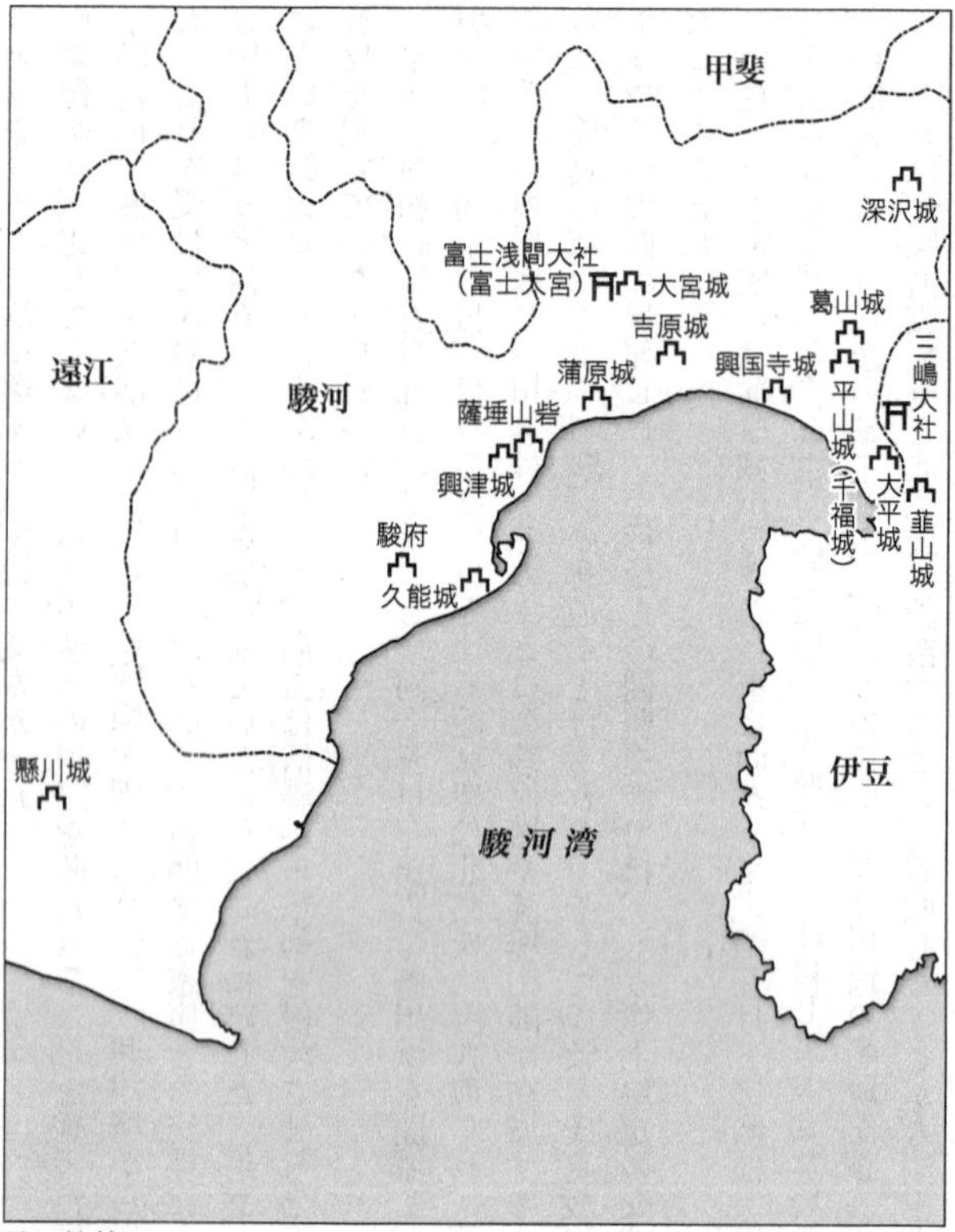
甲斐
深沢城
富士浅間大社
（富士大宮）
大宮城
葛山城
吉原城
三嶋大社
遠江
駿河
蒲原城
興国寺城
平山城（千福城）
薩埵山砦
大平城
興津城
韮山城
駿府
久能城
懸川城
伊豆
駿河湾

駿河情勢図

わずか八歳だったから、その実権はおのずと実父の氏政が握ることになる。名跡の譲渡は、実際に信玄と対戦する北条氏から要求したものだろう。そうすることで、北条氏は駿河で武田氏と対戦することをみずからの問題とすることができるし、駿河の村々や今川氏家臣らに対して支配者として臨むことができるからだ。他方の氏真としても、自力によって信玄に対抗することはできず、政治的にはまさに死に体の状態だったから、駿河の回復は北条氏に依存せざるをえない状況にあった。北条氏の要求には応じざるをえなかったろう。

しかしそれは、戦国大名今川氏の歴史に事実上、終止符を打つことでもあった。この後、氏真はしばらく大平城にあって、河東地域におけるかつての直轄領や今川氏旧臣を管轄しているが、それはいってみれば「新当主」国王丸の後見としてのものにすぎなかった。氏真は戦国大名としての格式は残しつつも、実際には北条氏の一門の一人のような立場になる。そして翌年には小田原に移住してしまうのだった。

武田信玄、小田原に迫る

北条方では、薩埵山陣と蒲原城のほか、河東地域西部の富士郡北部の国衆富士氏の大宮城（富士宮市）が武田方に対する最前線に位置した。北条氏は、さらにそれらの後援のため、河東地域東部の駿東《すんとう》郡北部の御厨《みくりや》地域に深沢城（御殿場市）を新たに構築し、駿東郡南部の興国寺城《こうこくじ》（沼津市）の在城体制を整備した。

これに対して信玄は、甲斐と駿河との通路の確保のためにも、まず大宮城の攻略をとげる必要があった。大宮城の動きを封じたうえで、六月に入って、その背後に位置する深沢城を攻め、さらに東に進んで伊豆三島や韮山城を攻めた。こうして北条勢を牽制《けんせい》したうえで、同二十五日から大宮城の攻撃に転じ、七月三日にその攻略をとげる。

駿府の再占領を狙う信玄にとって、まずは北条勢の動きを封じ込める必要があった。そのため九月になって信玄は西上野《にしこうずけ》に出て、それから武蔵《むさし》、相模《さがみ》と進んで、北条氏の領国を縦断するような行動に出ていった。西上野から武蔵に入ると、十日に氏邦《うじくに》の本拠の鉢形《はちがた》城（寄居町）を攻撃し、次いで南進して、氏照《うじてる》の本拠の滝山《たきやま》城（八王子市）を包囲した。こうして氏照・氏邦の動きを封じたうえで月末ごろには小田原まで進軍し、小田原城攻撃の機会をうかがった。

信玄は北条氏の動きを封じ込めるのが目的だったから、十月四日には小田原から退陣し、翌五日、相模津久井《つくい》に向けて後退した。しかし津久井への入り口にあたる三増《みませ》峠（愛川町）にはすでに氏照・氏邦が布陣して、信玄を待ちかまえていた。彼らは先に信玄に本拠を攻撃されたあと、信玄を追うように進軍してきており、小田原からの退陣を聞いて、その退路を断とうとしたのだった。背後からは、小田原から氏政が五日に追撃のために出陣してきていた。このままではさみ撃ちにされるから、信玄は六日早朝、氏照・氏邦勢を強行に突破して、かろうじて甲斐に帰国した。氏政が到着したのは、その日のうちだった。氏政は一日の差で間に合わず、信玄の退却を許してしまった。

しかしこの信玄の小田原攻めは、北条氏に大きな危機感を与えるに充分だった。北条氏は、かつて永禄四年（一五六一）の上杉謙信《けんしん》の場合と同じく、ふたたび敵軍に本拠までの進軍を許したことになる。氏康・氏政父子は、このうえない屈辱と感じないではいられなかったろう。同時に、信玄の猛威を目のあたりにして、強烈な脅威を感じたことだろう。信玄の侵攻を防がねば北条氏は滅亡してしまうのではないか、そうした危機感を募らせたに違いない。

国境防備を固める北条氏

十一月になると、信玄は今度は駿河に進軍してきた。駿府の再占領が目的だった。富士郡の大宮城にしばらく在陣したのち南に進軍して、十二月六日に蒲原城をわずか一日の攻撃で攻略した。城主北条氏信《うじのぶ》（氏政の大叔父《おじ》宗哲《そうてつ》の子）をはじめ城兵のほとんどが戦死するという、激戦の末だった。信玄からすれば、力攻め以外の何ものでもなかった。それだけ蒲原城を早く抜きたかったのだろう。

この蒲原城落城の様子を聞いた氏政は「余りに恐怖」した。その六日後の十二日、最前線の薩埵山陣も崩壊した。蒲原城落城の模様を聞いての退却だった。そして十三日、信玄は駿府の再占領をとげた。一年ぶりの駿府占領だった。ようやく振り出しの状態に戻した、ということになる。その後は西駿河の経略を進めていった。

蒲原城・薩埵山陣の崩壊により富士郡一帯は武田氏の勢力下に入った。駿東郡の深沢城と興国寺城が最前線拠点になった。しかしそれだけでなかった。そもそも相模・武蔵の西側はすべて武田氏の領国に接していたから、武蔵から相模にわたる長い国境線そのものが武田氏に対する最前線にあたっていた。そのため、武田氏との対戦が始まるとすぐに、それら国境の防衛が図られている。

武蔵北部では、氏邦が本拠をそれまでの花園城《はなぞの》（寄居町）から、要害堅固の鉢形城（寄居町）を再興し、移している。南部では、滝山領の氏照がもとの本拠で甲斐への道筋につながる位置にあった由井《ゆい》城（八王子市）を前線拠点に取り立てている。相模北部では津久井城（相模原市）の普請が進められ、駿河国境の足柄《あしがら》峠（南足柄市・小山町）に新たに足柄城の構築が始められている。

領国内軍勢の大移動

軍事拠点の構築や防衛力強化だけでなかった。そもそも軍事拠点は、それを守備する在城衆があってはじめて機能するものであることはいうまでもない。新たな軍事拠点を取り立てるということは、そこに在城衆を派遣するということだし、防衛力を強化するというのは在城衆を増加するということだった。武田氏との対戦が始まると、同時にそうした在城衆の編成も進められていった。それはさながら、領国内の軍勢の大移動ともいうべき様相だった。いくつかの事例をあげておこう。

江戸城将の一人で重臣の富永政家《とみながまさいえ》は、その直前には岩付城《いわつき》（さいたま市）に在番していた。おそらく簗田氏《やなだ》の関宿城《せきやど》（野田市）攻めにかかわってのものだろう。しかし、永禄十二年（一五六九）五月、富永政家は氏康から滝山領の由井城への移動を命じられている。下総《しもうさ》千葉氏配下の国衆大須賀《おおすが》信濃守を岩付城の在番にあたらせるから、大須賀信濃守が同城に着いたらただちに出立しろ、といわれている。しかも、本拠の江戸城に帰還しないでそのまま滝山城へ移り、そこから由井城に着陣しろ、といわれている。

同年七月、信玄が富士郡に進軍してくると、氏政はそれを迎え撃つ準備を始めた。氏照もそれに従うことになり、氏照は各地に派遣していた家臣らを呼び集めることになった。それらの派遣先のひとつに下総栗橋城《くりはし》（五霞町《ごか》）があった。同城は、前年から氏照が管轄していた。そこに派遣していた在城衆を滝山城の留守衆に充てることにした。そうすると栗橋城の在城衆がいなくなってしまうから、氏政は取次の氏照を通じて、元の城主で古河《こが》公方《くぼう》家宿老の野田景範に在番を要請している。

駿河方面では、深沢城には一門で相模玉縄城《たまなわ》（藤沢市）の城主の北条綱成《つなしげ》（氏康の義弟）と、宿老で小田原衆指揮者の松田憲秀《まつだのりひで》（母は綱成の妹）が在城した。北条綱成は玉縄衆と称された玉縄在城衆を率いてのものだったろう。松田憲秀は小田原衆という小田原城配属の軍団の指揮者だったから、彼らを率いていたろう。興国寺城には、重臣で武蔵松山城（吉見町）の城将の一人、垪和《はが》氏続《うじつぐ》が在城した。みずからの軍団を率いてのものだったろう。

伊豆の韮山城《にらやま》（伊豆の国市）には、氏政の弟の氏規《うじのり》・氏忠《うじただ》が在城した。氏規は相模三崎《みさき》城（三浦市）の城主だったから、配下の三浦衆を率いてのものだったろう。相模・駿河国境の足柄城には、武蔵小机城《こづくえ》（横浜市）の在城衆の一部が在城した。小机城主は、蒲原城に在城した北条氏信だった。戦死後は、氏忠の弟で、北条宗哲の娘婿になった氏光《うじみつ》がその地位を継いだ。その氏光はその後、足柄城に在城している。

こうした具合に、領国内の支配拠点に配属されていた在城衆の多くが、前線拠点に配備されていった。もちろん、在城衆のすべてではないし、その彼らもそれまで本拠にだけ在城していたわけでなく、ほかの方面に配備されてもいたのだろう。しかし、氏照の栗橋衆の場合のように、まったくそこを空けるというわけにもいかない。急激な戦線の拡大によって在城衆の不足という、新たな問題が生じていった。

臨時の城普請

城郭の構築や防衛力強化のための修築も、ひっきりなしに進められていった。こうした城の維持・修築は、大普請役として家臣と領国内の村々の負担によっておこなわれた。武田氏との対戦が始まってからの、各地における城普請もそうだった。家臣に対しては、軍役の一環だったから、軍役としての家来の動員人数以外には数量的な規定はなかった。しかし村に対しては、税金としてのものだったから、それは無制限ではなかった。

北条氏の場合、早く初代の宗瑞《そうずい》の代から「年中に定まる大普請」といわれているように、年間の使役人数や日数が決まっていたことがわかっている。この永禄年間では、村高を基準におよそ二十貫文につき一人、年間の動員は一人につき十日という具合に決まっていた。村高二〇〇貫文の村なら、年間で延べ一〇〇日の負担ということになる。

このころの城は土でできていたから、風雨によってすぐに損傷してしまう。そのため、日常的なメンテナンスが必要だった。それを在城衆などの家臣だけでおこなうことはできなかったから、領内の村々にも負担させた。そうした城普請に領民が動員されるということは、源平合戦と称される治承《じしょう》・寿永《じゅえい》の内乱のころからみられたことだったが、戦国時代がそれまでの時代と大きく異なっているのは、城が恒常的に存在するからそのための負担も恒常的に存在したということだった。

この城の普請役を負担する村々の範囲が、じつはその城を中心にした領域にあたっていた。戦国大名の領国を構成した各地域や国衆の支配領域というのは、そうした拠点や本拠の城普請役を負担する村々によって形成されていたものだった。

戦国大名の本国も、そのなかに各地に拠点を抱え、それを中心に○○郡とか○○領という具合に支配領域が形成され、それ自体が一個の自立的な領域のように一定の分権支配がおこなわれているのは、そうした事情に一致していた。北条氏の場合でいえば、伊豆に韮山城、相模中郡に田原城（秦野市）、東郡に玉縄城、三浦郡に三崎城、津久井地域に津久井城、武蔵小机領に小机城、江戸地域に江戸城、河越《かわごえ》地域に河越城、といった具合である。それぞれの領域は、それぞれの支配拠点の普請役を負担する村々によって構成されていた。

普請役はそもそもはそうした地域拠点の城普請に充てられたものだったが、前線に拠点を構築する際など、それがほかの城にも転用されるようになる。そうしたものも含めて、年間の使役日数が決まっていたのである。ところが、武田氏との対戦にあたっては戦線の拡大があまりに広域であったため、普請を必要とした城が急激に増えることになった。そうして規定の大普請役はすぐに使い切ってしまったようなのだ。

しかし防衛体制を整えるためには、どうしても普請役が必要である。そこでとられたのが、臨時に普請役を徴発するというものだった。このときには、永禄十二年（一五六九）八月九日に相模中郡徳延《とくのぶ》村（平塚市）に宛《あ》てた北条家朱印状（「武井文書」）からみられるようになっている。

そこでは「この度《たび》の臨時普請、迷惑たるべく候といえども、第一に御国のため、第二に私のために候間、百姓等においても、奉公申すべく候、御静謐《せいひつ》の上は、御憐愍《ごれんびん》を加えらるべく候」と、今回の臨時の普請役は迷惑ではありましょうが、第一に「御国」のため、第二に村のためなのだから、百姓であっても奉公すべきです、戦争が終わったら御憐愍（諸役の免除など）をおこないますと述べて、村側の同意をとりつけようとしている。

末尾の部分で、諸役の免除などを約束している。臨時に負担してもらうため、その代償として税金の一部を免除する、すなわち減額することを申し出ているのである。臨時の普請役というのは、そもそも規定以上の負担だった。だから無償では応じてくれないということを、北条氏の側も充分に承知していたことがわかる。村に対してすら、規定以上の負担を強いることはできないことになっていたことがわかる。

興味深いのは、最初はこのように税金を減額するといっていたのに、二年後の元亀《げんき》二年（一五七一）になると、「雇う」というかたちで賃銭を支払うようになっている（「富士浅間《せんげん》神社文書」）。そもそも普請役のような人足を使役する場合、一般的には賃銭が支払われるなり、下行《げぎょう》といって米・酒が支給されるというのが中世の通例だった。戦国時代になると、規定の大普請役などはそもそも村の負担のなかに組み込まれたものになっていたから、それに賃銭が支払われることはなかった。

それがこのように、臨時の場合には世間の通例と同様なかたちで、賃銭が支払われるようになっている。それはだいたい、一人一日につき二十文だったようである。ただそうはいっても、おそらく世間の相場からすれば低額だったろうから、負担には変わりはなかっただろうが。

はじめは税金の減額で対応していたのが、このように賃銭の支払いに変わったのは、最初は一回のつもりだったのが戦争が長引いて、臨時の徴発がたび重なるようになったためだろう。徴発のたびに税金を減額していくと、税額がいちじるしく低額になってしまうから方法を変えざるをえなかったのだろう。

「御国」のために兵士になる

先にみた徳延村宛の北条家朱印状の文章のなかでとりわけ注目されるのは、臨時の普請役を負担させるためにもちだされている論理である。それは言葉を換えれば、説得の論理ということができる。第一に「御国」のため、第二に村のためなのだから、百姓であっても奉公すべきですという、このセリフである。

御国のためにというセリフは、現代でも国家が国民を戦争に動員するときに必ずといっていいほどもちだされる論理である。じつはこの論理は戦国時代に、戦国大名が領国内の村々に大名の戦争に協力させるために生み出されたものだった。「御国」とはここでは北条氏の領国という意味である。領国の支配主体が、大名の北条氏だった。

戦国時代には、大名家とその領国は一体のものと認識され、あわせて「国家」と呼ばれるようになっていた。しかしこの「国家」という言葉が通用したのは、大名から所領などを与えられている家臣や寺社、直接に奉公関係を結んでいた職人・商人らに限られていた。だから彼らに自身への奉公を要求するとき、大名は「国家」の論理をもちだせばよかった。しかしそれは、大名とそうした関係を結んでいない、村の百姓とは関係のない論理だった。

そこでもちだされたのが「御国」である。ここでの「国」は、北条氏の領国というよりは村々の生活領域の「くに」であろう。それに「御」を冠することで、「くに」と北条氏の領国を重ね合わせているのである。そうして「御国」のためになることは村のためでもあるのだといって、村の百姓が奉公するべき対象として「御国」を掲げているのである。

そして蒲原城などが攻略された直後の永禄十二年（一五六九）十二月、「御国」の論理はさらなる展開をみせる。それは、村の百姓を兵士として動員しよう、というものである。兵と百姓の職分が明確に分かれていた中世、百姓が百姓のまま、領主に兵士として動員されることはなかった。それが、臨時とはいえ、兵士として動員が図られるようになった。

北条氏の言い分を聞いてみよう。来年（元亀元年〈一五七〇〉）は信玄との決戦をする。その際、軍役負担を義務づけている家臣や奉公人はすべて前線に投入する。そうすると、領国内の諸城の守備兵がいなくなってしまう。だから出陣のあいだ、諸城の守備兵を務めてほしい。これは「御国」にいる者の務めだから、家臣らと同じように働くべきだ、といっている（「江成文書」ほか）。

そうして本国内の各村に対して、兵士として動員可能な、十五歳から六十歳までの成年男子の名簿を作成するよう命じている。これを「人改め」という。いわば徴兵台帳の作成である。十五歳から六十歳までの成年男子というのは村の構成員にあたる。村の戦争の際には、彼らが戦士になっていた。だからこの「人改め」は、村の戦士を一時的に大名の兵士にしようとするものだった。ただ全員が動員されるわけではない。動員人数は村高に応じていたし、動員の日数も決められていた。大普請役や陣夫役などと同じ仕組みをとっていた。それは、村に対して請け負わせるということだった。

国家と村の関係に大きな変化

元亀元年（一五七〇）二月に「人改め」にもとづいて兵士として動員されることが決まった村人に、改めて動員を命令する朱印状が出されている（「高岸文書」ほか）。そこでは、「そもそもか様の乱世の時は、さりとては其の国にこれ有る者は、まかり出て走り廻ずして叶わざる意趣に候」と、そもそもこのように戦乱が続く時勢では、どうしてもその国にいる者は出てきて働かないわけにはいかないでしょう、といっている。

この「国」に住んでいるのだから、この「国」の存亡がかかっている戦争には、たとえ百姓であっても協力すべきだというのだ。こうしたことが、武田氏との戦争のなかでいわれるようになった。それだけ北条氏にとって、武田氏との戦争は自家の滅亡をも想定せざるをえないほど、強い危機感をもったものだったのだろう。現に隣国の今川氏は、武田氏との戦争によって滅亡の憂き目にあっていた。今川氏とは成立以来、密接な関係にあった北条氏であったから、その危機感は相当なものであったに違いない。

村は、大名の存亡をかけた戦争に際して、その領国に住んでいるというそれだけで、大名の戦争に動員される事態に直面するようになった。ここにはじめて、人々はみずからが帰属する政治領域＝国家というものを認識するようになった。それまでにも、日本国のように国家と呼ばれるようなものはあった。しかしその国家は、在地の村とは直接には関係していなかった。村はその構成員ではなかったからだ。しかし、戦国大名の「国家」においては、村は直接の基盤に位置していた。現代の私たちが認識する国家は、むしろこの戦国大名「国家」から展開してきたものと考えられる。

この後、こうした村の武力を戦国大名の存亡をかけた戦争に動員するということは、各地の戦国大名でもみられている。北条氏についても、天正《てんしょう》十五年（一五八七）からの中央政権の羽柴《はしば》秀吉との対戦にあたって、もう一度「御国」の論理にもとづいて民兵動員が図られている。ただこれによってもわかるように、それはまさに大名家存亡の危機という、超非常事態の場合に限られていた。現代でいえば「本土決戦」のような場合といえよう。

また村の側も、けっして戦国大名のいいなりになったわけではなかった。たしかに徴兵台帳は作成され、それにもとづいて実際の動員もあった。しかしそもそも台帳作りの際に、「ひとりも漏らさずに記載するように」とか「精兵を村に残して、戦争の役に立たない者を出したら、村役人を斬首する」とかいわれているから、村は村そのものの防衛のために、精兵を村に温存しようとしていたことがわかる。いってみれば、戦前によくみられた徴兵忌避である。このことは、国家と村（民衆）とのあいだには容易には埋めることのできない、大きな懸隔があったことを示している。

それでもなお、こうした「御国」の論理が生まれた意味は大きいと言わねばならない。それまでの長い日本列島の歴史のなかでも、いまの一度もそうしたことはなかったのだから。やはりそこには、この戦国時代になって国家と村（民衆）との関係に大きな変化があったとみなくてはならない。

北条氏康の死と遺言

「御国」の論理を生み出して、村々の武力を戦争に動員する仕組みまでを作り出して、武田氏との戦争に臨んだものの、北条氏は劣勢の展開を強いられていた。元亀元年（一五七〇）四月から五月にかけて、信玄は駿東郡・伊豆に侵攻し、八月にもふたたび同地域に侵攻して、韮山城・興国寺城が攻撃された。この間の六月には、武蔵北西部の御嶽《みたけ》城（神川町）の国衆平沢政実が武田氏に従属した。武蔵にも武田氏の勢力がおよぶようになってきた。

十月になると、信玄は今度は信濃から西上野に進み、謙信方の沼田領（沼田市）・厩橋《まやばし》領（前橋市）、利根川南岸の武蔵深谷領（深谷市）などを放火した。謙信が味方の国衆の支援のために上野に出陣し、氏政も出陣して武蔵多摩郡に軍を進めると、信玄は撤兵した。十二月になると今度はまたも駿東郡に侵攻し、翌元亀二年（一五七一）正月三日から深沢城を包囲した。

これに対して氏政は六日に陣触れを発し、十日に小田原を出陣、その日のうちに箱根を越えて敵方と対陣した。しかし十六日、城主北条綱成は支えきれず、同城を開城した。駿東郡南部の興国寺城も、このとき攻撃を受けている。そこでは、敵軍数百人が本城まで侵入し、城主垪和氏続はみずから太刀打ちして撃退し、かろうじて死守したという状況だった。

深沢城の落城により相模との国境に位置する足柄城がまさに最前線に位置するようになった。深沢城の守将だった北条綱成は、以後は足柄城に在城した。このあとの六月には、足柄城と三島や興国寺城との連絡の確保のために、新たに平山城（裾野市）が取り立てられている。守将は、深沢城から後退した松田憲秀が務めた。

こうして北条氏は御厨地域を失い、駿河における勢力は駿東郡南部に限定された。しかも小田原城は前にもまして、敵軍の脅威にさらされるようになった。信玄の神出鬼没ともいうべき戦略に翻弄《ほんろう》され、諸城の普請や戦力配置も思うにまかせず、充分に対抗できていなかった。

このころから、北条氏のなかでは謙信との同盟に疑問の声があがるようになってきたらしい。そもそも謙信との同盟は、信玄との戦争にあたり、援軍を得るために結んだのだった。しかし謙信からは越中出陣を理由にして、ただの一度も援軍を得られなかった。謙信にとっては越中出陣のほうが大事だったのだ。

四月には、北条氏は信玄と同盟を結ぶのではないかと噂されるようになった。これについて謙信から詰問され、氏康は否定しているが、実際には信玄との同盟も模索されはじめていただろう。そうしたなか、氏康がふたたび重態におちいった。氏康は前年八月にも重病をわずらっていたが、この年四月までにはもちなおしていたらしい。しかし五月を最後に政治活動はみられなくなっているから、ふたたび重態になったのだろう。そしてそのまま快復することなく、十月三日に五十七年の生涯を閉じた。

家督を継いで、すでに三十一年が経っていた。その前半生は、戦国時代当初から関東の政治秩序の中心にあった山内《やまのうち》上杉氏・扇谷《おうぎがやつ》上杉氏との抗争に多くが費やされたといってよく、ついに両上杉氏を没落させ、北条氏を唯一の関東管領《かんれい》としての地位を確立した。その後半生は、山内上杉氏に取って代わって登場してきた上杉謙信との関東支配をめぐる抗争に多くが費やされたといってよいであろう。その生涯は、いってみれば上杉氏との抗争にかけたものであったといってもよい。

最後は、その謙信と同盟を結ぶことになり、関東管領職までも形式上だが譲ることになってしまっていた。それは、それだけ武田信玄との抗争を重視したためであるが、現実には謙信との同盟は有効には作用しなかった。氏康は死にあたって、氏政に謙信との同盟を破棄して信玄と同盟を結び直すよう遺言した、と伝えられている。事実かは確認できるものではないが、氏康の生涯を振り返ると、そのような遺言があってもおかしくはないであろう。

謙信との同盟を解消

氏康が死去する前月の九月から、信玄は武蔵鉢形領に侵攻し、続けて謙信方の深谷領、廏橋領などに放火した。十一月初めには、廏橋城の北条高広《きたじょうたかひろ》と連絡をとっている。どうやら高広は和睦を申し出てきたらしい。その直後、氏政は信玄との和睦に踏み切った。時期ははっきりしていないが、十二月十七日に信玄は北条高広にそのことを伝えているから、十二月前半には和睦が合意されたとみられる。

もっとも信玄は、そこで北条氏と和睦したからには、三和（北条・武田・上杉）を成立させるといっているところをみると、北条氏との同盟は北条高広が仕掛け人だったように思われる。そうすると、信玄と北条高広の接触がみられた十一月初めには、北条氏と武田氏の和睦交渉が進められていたのだろう。

北条高広は武田方への最前線に位置していたから、領内平和の実現と、それによるみずからの存立のために和睦を図ったのだろう。高広のおかれていた位置では、三和によって初めて軍事紛争地帯から脱することができるものだった。ただ、これは実現しなかった。謙信が同盟に同意しなかったからだ。謙信のもとへは、早く十一月初めには北条高広からこの件について打診があったらしい。しかし謙信は、

相（北条氏）・甲（武田氏）一所有り、取り懸かり候え共、身の滅亡は申さず候条を見詰め、小田原（北条氏）は信玄へ心懸かり候はば、明日たとい身の前へ信玄手切れに及び候共、先ず越（上杉氏）・甲無事せしめ、相（相模）・豆（伊豆）を信玄撃つべく候条、ここは相・越運くらべに候

（北条氏と武田氏が一緒になって攻めてきたとしても、私が滅亡しないことを見続けると北条氏は信玄を狙うようになり、たとえ明日に私のところへ信玄と手切れしたといってきたとしても、まず上杉氏と武田氏で和睦を結び、信玄に相模・伊豆を攻撃させるつもりなので、ここは北条氏と上杉氏との運くらべである）

と、北条氏・武田氏との三和についてはまったく考えていなかった（「新潟県立文書館所蔵文書」）。

謙信としては、北条氏と武田氏が同盟して敵対してきたとしても、それに対抗する充分

な自信があったのであろう。また北条氏がふたたび武田氏と敵対して、和睦を求めてきたとしても、謙信は逆に武田氏と和睦して北条氏を攻撃することを考えているように、もはや北条氏との再同盟はありえないという考えであった。そうした状況を、北条氏と上杉氏との「運くらべ」と表現している。そして北条高広も、謙信方にとどまることを選択した。ただこうした謙信の発言は、やや虚勢を張ったものでもあったようだ。謙信は続けて次のようにいっている。

昨日迄は氏邦（藤田）定めて越さるべきか、又氏政侭《ちょう》に一途に申し越さるべきの由存じ候処、左様にはこれ無く、何れもの馬鹿に申し事無く候

（昨日までは、藤田氏邦がきっと説明のためにやってくるのではないか、あるいは氏政があわててひたすらに説明してくるのではないかと思っていたけれども、そうしたことはなく、そんなとんでもないバカ者にはいうようなことなどない）

どうやら謙信の本音としては、北条氏から武田氏との和睦に関して、正式に説明されることを期待していたらしい。そうであれば三和も検討しようと思っていたのかもしれない。しかし正式の説明がないということは、北条氏から同盟を破棄してくることを意味していた。謙信はそれにひどく怒ったのであろう。

こうしてふたたび、北条氏・武田氏と上杉氏という対抗関係が展開することになった。北条氏は武田氏と同盟するにあたって、謙信へは「手切れの一札」と呼ばれる絶縁状を送り、謙信からもまた「手切れの一札」が送られてきた。いわば国交断絶、宣戦布告である。そして氏政はこれを信玄のもとに送り、謙信との同盟を解消したことを示している。これはおそらく信玄から、同盟を結ぶのであれば謙信と断交することが条件になっていたためであろう。

驚きとまどう国衆

この北条氏と武田氏との再同盟を聞き、驚きを隠せなかったのは、金山《かなやま》城主の由良成《ゆらなり》繁《しげ》・国繁《くにしげ》父子だった。彼らこそ、北条氏と上杉氏との同盟を仲介した当事者だった。どうやら武田氏との同盟について、それが成立をみるまで氏政は由良氏にはそのことを伝えていなかったらしい。由良氏にとっては一種、青天の霹靂《へきれき》といった感じだったろう。それまでの外交関係が反転することになるからだ。

由良氏は、武田氏との和睦を知らされていなかったことは面目を失うものだ、と氏政に強く抗議した。由良氏が北条氏と武田氏との同盟成立を知ったのは、年が明けて元亀三年（一五七二）正月初めのことだったらしい。氏政は年末の二十七日に、由良氏に敵方（上杉方）への戦略の指示を、氏邦を通じて与えていた。ここで初めて、上杉氏との同盟破棄、武田氏との同盟締結を伝えたのだろう。由良氏は、それへの返事を十一日付で認《したた》め、そのなかで強い不満の意を表したのだった。

これに対して氏政は十五日付の条書で、以下のように弁明した。すぐに使者を遣わして説明すべきだったが、先月（元亀二年〔一五七一〕十二月）中旬から風邪《かぜ》を引いて伏せっていた、二十八日に針治療をし、正月も七日になって初めて「表」（政務の場）に出た、用件もそれほど急ぎのものではなかったので返事が遅れてしまった、と。

言い訳にすぎないことは明らかだろう。氏政はさらに、由良氏に知らせたのが年末の二十七日付だったことについても、一門・家老の者たちにもその二十七日になって初めて知らせた事柄だった、このことは嘘ではない、と取り繕っている。

ただ氏政も、由良氏を蚊帳《かや》の外におくかたちで外交政策を大転換したことには大いに引け目を感じていたし、由良氏の不満も充分に認識していた。そこで、以下のようにいう。

「以上の説明は、けっして戦略上の方便ではない、心底から由良氏を疎略には思っていないし、恨みに思われては困ってしまうので、以上のように説明した、そのうえで納得できないで氏政に敵対したとしても、それは私の力不足だ、ただ年来親しくしてきた間柄だし、腹蔵なく接してきたのだから、以前にもまして相談してくれれば幸いだ」と。

この外交関係の転換が、由良氏の面目をつぶすものであり、そのため由良氏が離叛《りはん》してもやむをえないような事態だったことがわかる。しかし、こうした外交政策の転換は珍しいことではないから、大名はそのたびにそれについて味方の国衆に説明を果たし、不満の解消や抑制に努めることで、国衆との関係を維持していくことができたのだろう。大名同士の同盟の成立も破棄も、関係する国衆の協力や了解が必要だったのである。

第七章　北関東の攻防戦と謙信の死

再開した北条VS上杉の抗争

元亀《げんき》二年（一五七一）末に北条氏が武田氏と同盟を結び、上杉氏と手切れしたことによって、ふたたび関東では北条氏と上杉氏との抗争が展開されることになる。ただ越相《えっそう》同盟以前と大きく異なるのは、謙信《けんしん》には関東に有力な味方がほとんどいないという状態であったことだ。謙信は越相同盟の展開にともなって、佐竹《さたけ》氏・里見《さとみ》氏とは敵対関係になっていた。こうした事態については、謙信自身も「此くの如くに、馬鹿者と兼ねて存知候て房州・佐竹・太美に手切れ、後悔に候」（「新潟県立文書館所蔵文書」）と、このようにバカ者と思って房州（里見義弘《よしひろ》）・佐竹（義重《よししげ》）・太美（太田美濃守資正《すけまさ》）と手切れしていることを悔やんでいる、と述べている。

元亀三年（一五七二）になるとさっそく、北条氏・武田氏と上杉氏との抗争が再開されている。閏《うるう》正月に謙信は厩橋《まやばし》城に在陣し、武田方の石倉《いしくら》城（高崎市）を攻略した。これに対して氏政《うじまさ》と信玄《しんげん》はともに西上野《にしこうずけ》に出陣し、倉賀野《くらがの》（高崎市）で謙信方と対戦した。しかし両軍との対戦を嫌った謙信は、すぐに帰国している。北条氏は二月に厩橋領に侵攻したあと、帰陣したらしい。この時点における関東の政治勢力の陣営構成をまとめてみると、おおよそ次のようになる。

北条方…武蔵岩付領《むさしいわつき》・菖蒲《しょうぶ》佐々木氏・忍《おし》成田氏、上野新田《にった》由良《ゆら》氏・小泉富岡《とみおか》氏、下野《しもつけ》足利長尾《ながお》氏・佐野《さの》氏・那須《なす》氏、下総古河公方《しもうさこがくぼう》足利氏・幸手《さって》一色《いっしき》氏・森屋相馬《もりやそうま》氏・結城《ゆうき》氏ら。

上杉方…武蔵羽生木戸《はにゅうきど》氏・菅原《すがわら》氏・深谷《ふかや》上杉氏、上野沼田《ぬまた》領・廏橋北条《きたじょう》氏・館林広田《たてばやしひろた》氏・桐生佐野《きりゅうさの》氏、下総関宿簗田《せきやどやなだ》氏・栗橋野田《くりはしのだ》氏・山川《やまかわ》氏、常陸木田余小田《ひたちきだまりおだ》氏ら。

武田方…武蔵御嶽長井《みたけながい》氏（元亀三年〔一五七二〕十一月に北条氏に割譲）、西上野。

佐竹方…常陸江戸《えど》氏・真壁《まかべ》氏・大掾《だいじょう》氏・下妻多賀谷《しもつまたがや》氏・鹿島《かしま》氏ら、下野宇都宮《しもつけうつのみや》氏・壬生《みぶ》氏・皆川《みながわ》氏・小山《おやま》氏ら。

里見方…上総土気酒井《かずさとけさかい》氏・東金《とうがね》酒井氏・長南《ちょうなん》武田氏・万喜土岐《まんぎとき》氏ら。

これらのうち北条氏と武田氏が、武田氏と里見氏が同盟関係にあるほかは、それぞれが自立的に存在するという情勢であった。また北条氏と里見氏は、武田氏を介して休戦状態になっていた。

八月になると、北条氏は上杉方への攻撃を本格的に進めていき、深谷城（深谷市）・羽生城（羽生市）攻めのため、北条氏照《うじてる》が進軍している。こうしたなか、謙信は佐竹義重・里見義弘に対し、かつてのように連携することを打診している。しかし、なかなか両勢力からは色よい返事は返ってこなかった。また六月に下野那須資胤《すけたね》が北条氏から離叛《りはん》して佐

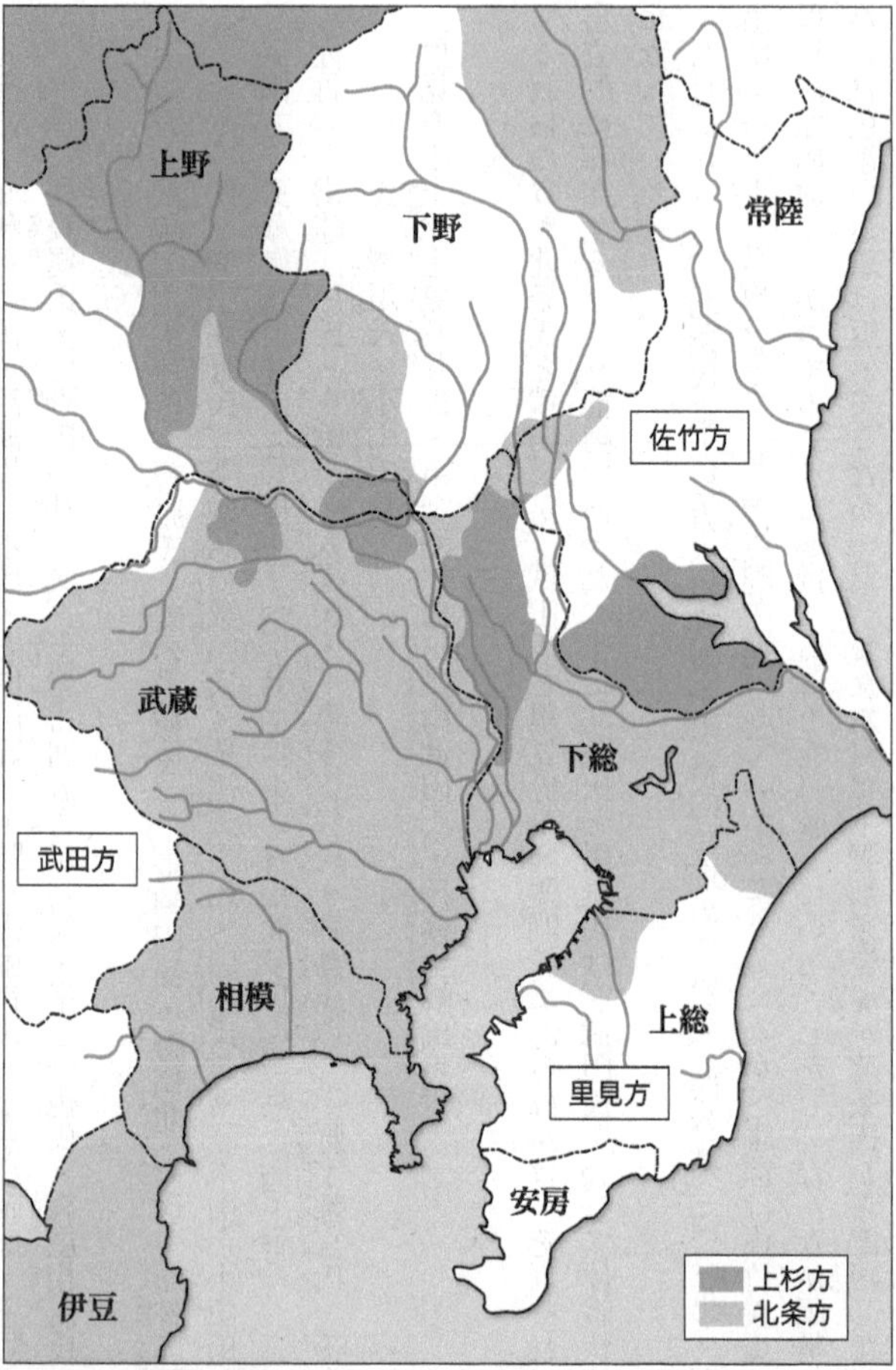

元亀3年初めの勢力図

竹義重と和睦《わぼく》、続けて結城晴朝《はるとも》も佐竹氏と和睦した（「青山文書」）。逆に秋には、皆川広《ひろ》勝《かつ》（俊宗《としむね》の子）・壬生義雄《よしかつ》が佐竹方の宇都宮広綱《ひろつな》から離叛して北条氏に従属してきた。そのため氏政は、十二月二日に野田景範《かげのり》の下総栗橋城（五霞《ごか》町）を攻略すると、そのまま壬生義雄救援のため下野に進軍し、宇都宮領多《た》功原《こうはら》で佐竹氏勢力と合戦となったが、敗戦してしまった。

そのほか、この年のうちに北条方の足利長尾顕長《あきなが》は上杉方の館林広田直繁《なおしげ》を滅ぼして、館林領を回復している。

謙信の強気と佐竹氏の動向

天正《てんしょう》元年（一五七三）二月、氏政は佐竹氏から攻撃を受けている皆川広勝支援のため、武蔵岩付城に着陣するが、佐竹氏らが後退したため帰陣した。氏政と佐竹氏とは、下野国衆の帰属をめぐって抗争していった。謙信は、この氏政と佐竹方との抗争について、氏政が多功原合戦で敗退したことをもとに（「上杉文書」）、

加様に東方の衆（佐竹氏ら）にさえ出合い、敗軍せしめ候、増して愚（謙信）の越山に旗を合わすべきか、腹筋に候

（このように東方衆に対してさえ合戦して敗軍しているのに、ましてや私が越山した

ときに対戦してくるのだとしたら、ひどくおかしいことだ）

氏政ばかり愚と対陣に及ばば、其の方笑い物にせられべく候、信玄・氏康同陣し候時も、度々愚老罷り出、退散の時も候いつる、旁々も聞き及ばるべく候

（氏政だけで私と対戦してきたら、あなたは氏政を笑いものにすることでしょう、信玄・氏康が同陣のときも私はたびたび立ち向かい、退散させたときもあったことはみんなが知っていることです）

と述べて、佐竹方に敗戦してしまうような氏政だけでは、自分に対抗することはできない、と言い切っている。そして佐竹方についても、

たとい東方の衆、盛氏（蘆名）・愚老かたへ同心たるまじき分別に候共、はや氏政に手切れの上は、此方へ取り付かずして叶わず候か

（たとえ東方衆が蘆名《あしな》盛氏《もりうじ》や私に味方しない考えであったとしても、すでに氏政と交戦している以上は、こちらにくっついてこないわけにはいかないであろう）

と、単独で氏政と交戦し続けることはできないと踏んでいた。

三月十二日に、北条方の新田由良成繁《なりしげ》・国繁《くにしげ》父子は桐生佐野重綱《しげつな》を滅ぼし、桐生領を併合した。これによって謙信の上野における勢力は、ふたたび沼田領・廐橋領まで縮小することになった。続いて四月、氏政は武蔵深谷城・羽生城攻めのため出陣した。こうした関東の味方勢力の危機を受けて、謙信は氏政への対抗のため、ようやく佐竹氏との連携を復活させる。これを受けて謙信は、

氏政は、信玄押し詰め候はば、其の足を以てけたをすへく候
(氏政については、信玄を追いつめたあとに、その勢いをもって蹴倒《けたお》すつもりである)

と、氏政などはもはや相手ではないと豪語している。しかし佐竹氏と盟約を復活させたことによって逆に、それと深刻な敵対関係にあった小田氏治《うじはる》が北条方に転じた。

また七月になると、北条氏照が簗田氏の関宿城・水海《みずみ》城を攻撃し、八月にはふたたび氏政が羽生城攻めをおこなった。九月になって、北条方の壬生義雄の叔父《おじ》で鹿沼《かぬま》城(鹿沼市)の壬生周長《しゅうちょう》が離叛して佐竹方に味方した。氏政は壬生氏支援のために下野に出陣し、小山領淡志川《あわしがわ》城を攻略、続いて鹿沼城を攻撃した。すると佐竹氏が救援のために出陣してくるという状況であった。

羽生城をめぐる攻防

天正二年(一五七四)になると、氏政は正月から簗田持助《もちすけ》(晴助《はるすけ》の子)の関宿城・水海城攻撃を進めた。二月には、一門で武蔵岩付城代の立場にあった玉縄《たまなわ》北条氏繁《うじしげ》が深谷領・羽生領の攻撃を進めていった(この部分は天正元年とみるのが正しい)。

そうしたところ、武田氏を通じて休戦関係にあった里見氏が、北条方の上総椎津《しいづ》領に侵攻し、北条氏に敵対してきた。これについて北条氏は、武田勝頼《かつより》に抗議している。武田氏では前年四月に信玄が死去し、その嫡子となっていた勝頼が家督を継いでいた。

ちなみに信玄は生きていることとされ、同七月に信玄は勝頼に家督を譲り、隠居したことになっていた。信玄署名の文書も同九月まで出し続けられている。いうまでもなく、すでに信玄は死去しているから、これは勝頼が父の名で出したものである。なおこのとき、武田軍は上野廏橋領に進軍している。氏政はちょうど下野に出陣しているから、その側面支援でもあったろう。

しかし里見氏としては、勝頼とのあいだには同盟関係を更新していなかったため、武田氏との協約は失効していると判断したのかもしれない。それと歩調をあわせて、天正二年(一五七四)二月に、謙信が上野に出陣してきている。羽生城の木戸忠朝《ただとも》らと関宿簗田持助からしきりに支援の要請があり、ようやくそれに応じてきたのであった。謙信にとっては約二年ぶりの関東への出陣となる。

謙信は厩橋城に着陣すると、当面の敵対勢力となっている新田由良氏領の経略にとりかかり、由良氏の属城の赤石城《あかいし》（伊勢崎市）近くに陣をとった。三月十日には、赤城山南麓の由良方の女淵《おなぶち》（前橋市）・赤堀《あかほり》（伊勢崎市）・善《ぜん》・山上《やまがみ》（桐生市）各城を相次いで攻略し、さらに桐生領に侵攻した。そこで由良氏配下の深沢城《ふかざわ》（桐生市）の阿久沢氏を従属させ、続けて五覧田《ごらんだ》城（みどり市）を攻略して、桐生領北部を経略した。

三月二十六日には謙信は桐生領から引き揚げ、羽生城救援のため南下し、由良氏を牽制《けんせい》するため金山城近くの藤阿久《ふじあぐ》（太田市）に陣をとり、四月半ばには館林領に進軍して、利根川沿いの大輪《おおわ》（明和町）に陣取った。これに対して氏政が迎撃のために出陣、武蔵本庄（本庄市）に陣取って、利根川をはさんで謙信と対陣した。

しかし利根川が増水していたため、互いに川を渡ることができず、双方に大きな動きはなかった。そして氏政は十五日に荒川南岸の武蔵本田（深谷市）に後退、謙信も赤石城近くに後退した。謙信は西庄《さいのしょう》西部を経略して、その支配拠点として新たに今村城（伊勢崎市）を取り立て、かつて赤石城主であった那波宗俊の子顕宗《あきむね》を入れて、国衆として復活させた。そして四月末には越後に帰国した。

しかし羽生城への直接的な支援はというと、ほとんどできないでいた。羽生城へは秋までの分の兵糧と玉薬を搬入しようとしていたのであるが、利根川の増水によって武蔵に進めなかったからだ。そのため謙信は、羽生城に籠城《ろうじょう》する木戸忠朝・同重朝《しげとも》・菅原為繁《ためしげ》の三

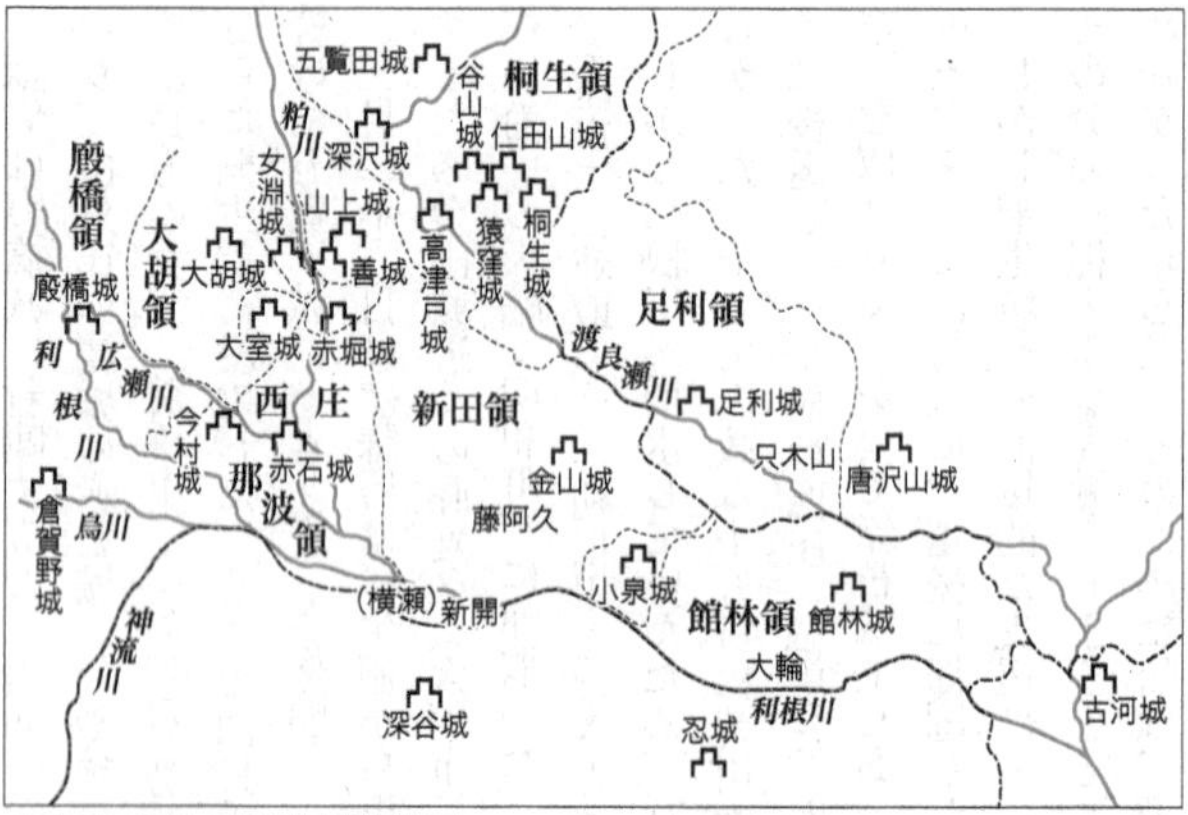

由良氏・館林長尾氏領関係図

将に対し、氏政が攻めかかってきたとしても、自分は氏康・信玄が生きているときもそれにけっしてひけをとることはなかった、とみずからの強さを顕示して勇気づけるものの、結局は秋にふたたび救援に赴くまでなんとかもちこたえるよう励ますしかなかった。

謙信の帰国を受けて、羽生城攻撃を続けていた北条氏繁は、その属城の花崎《はなさき》城を攻略している。そして五月二日に関宿領・水海領攻めに転じ、両領を攻撃した。さらに五日、壬生義雄・皆川広勝がまたも佐竹義重・宇都宮広綱から攻撃される状況を受けて、その支援のため小山領・宇都宮領に向けて進軍、小山領・榎本《えのもと》領を攻撃した。そのため、小山秀綱《ひでつな》からは和睦を申し出されるようになっていた（「新編会津風土記」）。

七月になって、氏政は廄橋領・大胡領に侵

攻したが、十日ほど在陣しただけで退陣している。これはあらかじめ由良成繁・国繁父子から要請を受けていたものであった。三月・四月に由良成繁は謙信によって領国の多くを経略されていた。氏政にその奪回のための反撃を要請していたとみられ、氏政は秋になったらおこなうと約束していたのであろう。謙信はこの北条氏の廏橋攻めを聞き出陣することにし、先陣を沼田城まで進軍させたが北条軍が退陣しているため、謙信も動くことはなかった。

北条氏では七月末から氏政が小山領・宇都宮領への進軍をみせ、氏照が関宿城・水海城攻めを展開している。こうしたことから、佐竹義重や小山秀綱は、下総結城晴朝に頼んで氏政に対して和睦を働きかけたらしいが、八月に氏政はこれを完全に拒否している（「西林寺文書」）。結城晴朝はそれより以前に、佐竹方から北条方に転じていたと考えられる。あるいはこの和睦交渉を通じて、北条方に従うようになったのかもしれない。また氏政は再度、廏橋領への進軍を図っており、これには西上野の武田軍からも援軍が派遣されることになったが、くわしい状況は不明である。

関宿城をめぐる攻防

十月十五日に、氏政はまたまた関宿城・水海城攻撃にかかる。これを受けて謙信は、ただちに救援のために関東に出陣した。十一月七日に利根川を越え、北条方の武蔵鉢形領・

忍領・松山領に相次いで侵攻し、さらに利根川を越え返して、由良氏の新田領に侵攻した。十八日までしばらく赤石(伊勢崎市)に在陣していたらしいが、館林長尾氏の館林領・足利領に向けて進軍し、二十日に足利領多田木山《ただきやま》に陣取り、二十二日には佐野領に進軍して沼尻(栃木市)に陣取った。そして二十三日、小山秀綱・簗田持助と合流するため、小山領に進軍しようとした。

また謙信は、二十四日に佐竹義重に対し、小山領への参陣を要請した。謙信は関東の反北条勢力をほとんど糾合して、氏政への対抗を図ったとみられる。佐竹義重は、謙信からの参陣要請を受けて、二十九日に宇都宮城まで着陣するが、謙信との血判起請文の交換をめぐって交渉が難航した。義重は、謙信に同陣するにあたって、血判起請文の交換を要求し、それが済まされないうちは同陣しない、といってきたのである。

その対応を受けて謙信は(「上杉文書」)、

抑も敵お見懸け、如何様の謙信ばかものに候共、いかでか味方の内にて、義重と謙信分け無き公事申すべからず候や
(そもそも敵を見かけて、どのように謙信がバカ者であったとしても、どうして味方の関係にある義重と謙信が、理由もなくもめごとをすることになるであろうか)

色々の義重家中衆謙信疑心候事、誠々に天魔の執行か
（いろいろ義重の家中衆が謙信のことを疑っているということは、誠に天魔のなせることというしかない）

と、義重の対応の悪さに激しくいらだっている。

しかしこれには別の理由があった。義重はすでに十月中に、氏政への和睦工作を進めていたのである。先に八月の際には結城晴朝を通じておこなったが失敗したため、今回は晴朝から武田勝頼を頼んでもらい、勝頼に仲介してもらっている。謙信が関東に出陣してくる以前の十月には、晴朝からの使者として水谷政村《みずのやまさむら》が甲府に赴いており、勝頼から氏政へ佐竹義重との和睦を促している。十一月四日の時点で、まだ勝頼のもとへ氏政からの返答はなかったようだが、義重としては氏政との和睦にすでに大きく傾いていたのであり、謙信のもとにたやすく参陣するわけにはいかなかったのだ。

氏政は、閏十一月五日までに、謙信の行動を牽制するためであろう、岩付城代の北条氏繁を上野に進軍させ、利根川北岸の西庄島村（伊勢崎市）に在陣させた。こうした状況を受けてであろう、謙信は義重との同陣をあきらめ、さらに関宿城の扱いについては佐竹義重に委《ゆだ》ねることとし、単独で北条方諸城への攻撃のために進軍を開始した。関宿城の扱いについては、義重から強く求められていたものであろう。おそらく義重は、簗田氏を北条

氏に降伏させることを条件に、氏政との和睦を進めていたに違いない。

謙信の進軍はいわば八つ当たりのようなもので、まず下総古河城・栗橋城・上野館林城を攻撃し、さらに利根川を越えて武蔵に侵攻して、崎西《きさい》城（騎西町）・菖蒲城（久喜市）・岩付城を攻撃した。そのうえで十八日に羽生城に着陣した。しかしこれは同城を死守しようとするものではなく、逆にこれ以上の抗戦は無理と判断して、同城を破却、木戸忠朝らの在城衆を引き取るためのものであった。周辺の北条方諸城への攻撃は、そのための陽動のようなものであった。そしてそれらの在城衆を引き連れて、十九日に廏橋城に後退、羽生在城衆を女淵城（前橋市）など最前線に配置したうえで帰国した。

その同じ十九日、簗田氏は北条氏に降伏し、関宿城を明け渡した。これにともなって佐竹義重は氏政と和睦、また宇都宮広綱も同様に和睦した。氏政は、簗田持助に対して関宿城については没収したが、水海城とその他の所領については安堵《あんど》した。そして持助は水海城に後退した。また古河公方足利義氏《よしうじ》への帰参について仲介し、義氏も氏政からの申し出ということで、しぶしぶそれを認めている。こうして古河公方勢力は、ようやく義氏のもとで一本化されることになった。氏政はこの後、関宿城を公方領国支配のための拠点として位置づけ、公方領国を事実上、北条氏の領国に併合した。

謙信、ふたたび佐竹氏・里見氏と結ぶ

氏政は、謙信が放棄した羽生城については、忍成田氏長《うじなが》に羽生領とともに与えた。氏長は長い期間にわたって、西の深谷上杉氏、東の羽生衆という両面にわたる抗争をしのいできた。その功績は大きく、また謙信に同領を没収される以前は、成田氏が管轄していた経緯もあってのことであろう。ちなみに深谷上杉氏も、すぐに氏政に従ったとみられ、ふたたび武蔵の国衆すべてを従えるようになった。そして佐竹義重・宇都宮広綱と和睦したことで、当面敵対する勢力は下野小山氏と房総里見氏という状態となった。

天正三年（一五七五）に入ると、その両方との本格的な抗争が展開されていった。まず六月十七日に、小山秀綱の弟で榎本城主であった小山高綱《たかつな》が北条方の皆川広勝の領国に侵攻したところ、合戦で戦死してしまった。北条氏はその隙をついて、すぐさま榎本領に侵攻し、二十二日に榎本城を攻略、おそらく北条氏照がこれを受け取ったと考えられる。そして氏照は引き続いて小山領に侵攻し、小山城を攻撃した。

八月に入ると、氏政が里見氏攻めに動いた。具体的には、里見氏から離叛した上総一宮正木種成と万喜土岐為頼《ためより》とを支援するためであった。十三日には陸路から下総に進軍、一方で玉縄城主の北条氏繁が、相模三浦口（浦賀（横須賀市））から下総小弓《おゆみ》（千葉市）に渡海し、里見方の上総土気酒井康治《やすはる》（胤治の子）の領国に侵攻、半島を横断してその属城の、二宮庄本納城《ほんのう》（茂原市）攻撃に向かった。十九日に、北条軍は里見方の上総東金酒井政辰《まさとき》の本拠東金城（東金市）を攻撃、続いて土気領・東金領・本納領を攻撃し、村々から穀物を掠奪《りゃくだつ》した。

そして二十三日に氏政は、先陣の松田憲秀《のりひで》軍・玉縄北条氏繁軍に対して、一宮正木種成の本拠一宮城(一宮町)へ、土気領などから掠奪した穀物を兵糧として搬入することを命じている。またそのほか、万喜土岐為頼の本拠万喜城(いすみ市)にも兵糧を搬入している。これに対して里見義弘が佐貫城(富津市)を出陣してきたため、九月には両軍で対峙《たいじ》することになったが、大きな衝突はなく退陣したらしい。

その間の八月十八日、謙信は佐竹義重・宇都宮広綱とのあいだで同盟を復活させた。そこでは小山氏への救援、北条方の壬生氏・皆川氏への攻撃が確認されている。佐竹氏・宇都宮氏にとってみると、小山氏の状況に強い危機感を抱き、前年の関宿城をめぐる確執にもかかわらず、謙信に支援を求めざるをえなかったのであろう。また謙信は、九月中には里見義弘とのあいだでも同盟を復活させている。これも里見氏が、領国への本格的な侵攻を受けたため、やはり謙信へ支援を要請したことによる。

九月に入ると、由良成繁・国繁父子は、上杉方への反撃を開始し、五日に沼田城が管轄している桐生領の黒河谷寄居二ヵ所を攻略し、さらに五覧田城を再興して、宿老藤生《ふじお》紀伊守を在城させた。これに対して沼田城からは、八日に攻撃を受けるが撃退し、真田兄弟以下三〇〇人を討ち取る戦果をあげている。こうした状況を受けて謙信は、九月のうちには上野に出陣してきた。直接には由良氏への報復であり、間接的には小山氏・里見氏への支援のためといえるであろう。

　謙信は十月十三日、上杉方の拠点であった桐生領仁田山城（桐生市）に対し、由良氏が向かい城として取り立てていた谷山城（桐生市・みどり市）を攻撃、十五日に同城を攻略した。謙信はなおも由良氏領への攻撃を続け、十一月七日までに仁田山城に対する向かい城であった猿窪城（桐生市）を攻略している。しかし九日には赤堀城に後退し、その後、帰国したとみられる。ここで謙信は、由良氏に反撃したものの、肝心の五覧田城の攻略までにはいたらなかったといえる。

　そして十一月下旬から、里見氏による北条方への攻撃が活発化している。そうしたなか十二月になると、佐竹義重と里見義弘は、謙信の仲介によって盟約を成立させることになる。謙信、佐竹氏、里見氏それぞれが、北条氏への対抗のために強く結び合うようになっていった。しかしそうした情勢のなかでも北条氏は小山城攻撃を続けていたようで、十二月二十五日までについに小山城を攻略した。これによって小山秀綱は没落し、佐竹氏を頼って常陸に移っていく。小山領は榎本領ともども氏照に与えられる。続いて北条軍は宇都宮領に進軍して、数百人を討ち取る戦果をあげている。

謙信、最後の関東出陣

天正四年（一五七六）に入って、謙信はすぐに関東への出陣を考えたようだ。前年末における小山氏の没落の影響であろう。謙信は二月五日には上野に出陣し、沼田城に着陣した。謙信はこのとき、武田勝頼と対戦している織田信長・徳川家康との連携によって、武田領国の西上野攻撃を図ったらしいが、すぐに帰国してしまったらしい。それを見据えてか、十一日までに由良氏が沼田城管轄でかつて領有していた善城（桐生市）の奪回を図って攻撃し、百余人を討ち取る戦果をあげたものの、攻略までにはいたらなかった。

そうしたところ、五月十四日までのうちに謙信はふたたび上野に出陣し、由良氏領の西庄・新田領、そして館林長尾氏領の下野足利領に侵攻した。その後、桐生領から新田領に流れる広沢郷用水を切断して新田領に打撃を与えるとともに、金山城攻略のため、その城下に進軍した。

一方、北条氏では十八日に、小山領を管轄する北条氏照の軍勢が下野小山領の榎本城を攻撃している。同城については前年六月にいったん攻略していたが、そのあとに佐竹方に奪回されたらしく、このときには佐竹氏の客将太田資正が城主として入城していたようである。おそらく、それを再攻略したとみられる。

氏政は由良氏への支援に動いていった。まず十九日に、岩付城代の北条氏繁を援軍として派遣し、二十六日にはみずから出陣、武蔵河越城に着陣した。そして武田勝頼にも援軍としての出陣を要請した。こうした情勢を受けて、謙信は二十九日に、金山城下の金井宿から桐生領広沢（桐生市）に引き返している。また由良氏の新田衆の一部は廏橋領を攻めるが、逆に上杉方に撃退されてしまい、二十余人の戦死者を出している。そして三十日、謙信は桐生領の村々を攻撃した。このとき、由良氏から五覧田城を攻略したと思われる。そのほか、渡良瀬川流域には由良氏の桐生城に対抗する上杉方の拠点として高津戸城（みどり市）が存在していたから、由良氏が支配する桐生領は拠点の桐生城周辺の地域に限られるようになっていたと思われる。そして謙信は、すぐに帰国している。

このときの謙信の出陣が、結果としては最後の関東への出陣となった。ここでも前年の場合と同じく、当面の敵対勢力となっている由良氏領の経略を進めたものとなったが、別の見方をすると、由良氏領・館林長尾氏領を攻撃することぐらいしかできない状況になっていたともいえる。それこそ二年前の天正二年（一五七四）までは、武蔵深谷領・羽生領、下総関宿領・水海領が味方としてあったから、上野から利根川を越えることもできた。

しかしいまやそれらはすべて北条方となっており、関東における味方勢力も下野宇都宮氏・那須氏、常陸佐竹氏、そして房総里見氏を残すのみとなっていた。謙信の拠点である沼田領・廏橋領とは、それらは遠く隔たっている状態にあったから、利根川を越えること自体、不可能な状態になっていたといってよい。

永禄三年（一五六〇）九月に最初に関東に侵攻してから、すでに十六年が経っているが、こうした事態は初めてのことであった。しかし利根川を越えられなければ、北条氏から圧力を受けている国衆への支援はほとんど不可能である。反北条氏の国衆にとって、こうした事態を受けて、謙信への依存からそろそろ脱却を考えなければならない時期がやってきたことになる。

謙信の帰国後、由良氏はただちに反撃し、六月二十一日にはふたたび善城を攻撃している。しかしここでも攻略できなかった。ちなみに由良氏が、謙信によって経略された旧領を回復するのは、それこそ謙信が死去したあとのことになる。

北条氏のほうでは九月末からふたたび里見氏攻めを進め、氏政みずから上総に出陣した。そして冬（十月から十二月）に、里見方への前線拠点として上総椎津領に有木城（市原市）を構築し、古河公方奉公衆の椎津氏を城代としておき、在城衆として玉縄北条綱成（氏繁の父）ら相模衆を派遣した。そしてそのころには、土気城（千葉市）の酒井康治と東金城（東金市）の酒井政辰を従属させている。北条氏の里見氏攻撃もいよいよ大詰めを迎える状況となった。

結城氏の離叛と里見氏との和睦

ところが天正五年（一五七七）六月（七日以前）になって、下総結城晴朝が突然北条氏から離叛し、佐竹義重と盟約を結んだ。結城氏は、前代の政勝《まさかつ》の代からなによりの北条氏親派であった。北条氏と結城氏の関係は早く、天文《てんぶん》十九年（一五五〇）までさかのぼる。北条氏にとっても、北関東の国衆のなかでもっとも早くに関係が確認される存在であった。

それ以降、北条氏と敵対の関係にあったのは、晴朝の代になってからの永禄六年（一五六三）に実兄の小山秀綱が謙信に従ったあとに、同じように謙信に従ってから、同十年（一五六七）五月に謙信から離叛してふたたび北条氏に従属するまでと、元亀三年（一五七二）六月ごろから天正二年（一五七四）七月ごろまで佐竹方にあった期間にすぎなかった。北関東の国衆で、ここまで北条氏と友好関係にあった存在は、結城氏のみである。

その結城氏が、ついに北条氏から離叛したのである。しかも北条氏に敵対する勢力が、日を追って少なくなっていくなかでのことであった。その背景に何があったのかはわかっていないが（晴朝側では忠節への代償に不満があったとする）、佐竹氏・宇都宮氏、そして佐竹氏のもとに逃れている実兄小山秀綱からの熱心な勧誘があったことは間違いないであろう。この事態に接した氏政はただちに結城氏攻めにかかり、七月十三日ごろに結城領に向けて出陣した。また二十三日までに、北条氏繁に公方領国防衛のための新たな拠点として、下総幸島郡飯沼城（猿島町）を構築させ、在城させた。

氏政はまた佐竹方の切り崩しも進めて、閏七月四日までには那須資胤を佐竹氏から離叛させ、和睦を結んでいる。このころ佐竹氏は南陸奥に出陣中で、蘆名氏・田村氏と交戦していた。謙信はそれを側面支援しようと、佐竹氏と蘆名氏の和睦の斡旋《あっせん》を試みているが、成立をみていない。

そして同月五日に、氏政は結城城を攻撃、三千余人を討ち取る戦果をあげた。こうした状況をみてか、宇都宮広綱が北条氏に従ってきた。これによって結城氏に直接味方できる勢力は、佐竹義重のみとなった。しかし氏政は、結城城を攻略することなく、九日に退陣した。

結城氏への攻撃は、その後は小山城に在城する氏照を中心に続けられたらしく、八月二十八日に、小山在城衆が結城方の山川氏の本拠下総山川城（結城市）を攻撃していることが知られる。氏政のほうは里見氏攻めにとりかかり、九月一日に上総に出陣した。里見方の長南武田豊信《とよのぶ》の領国に侵攻し、二十二日には属城の勝見《かつみ》城（睦沢《むつざわ》町）を攻撃している。それからしばらくのうちに（晦日《みそか》以前）、武田豊信は北条氏に従属してくる。

こうした情勢を受けてであろう、佐竹方は結城氏支援のための行動に出てくる。十五日に下妻多賀谷氏の軍勢が北条氏繁の飯沼領に侵攻、氏繁はその迎撃にあたっている。二十五日には佐竹軍が小山領に侵攻、氏照軍が迎撃にあたっている。

さて、北条氏と里見氏の合戦は九月晦日、里見氏の本拠佐貫城（富津市）の沖合で合戦があり、相模三崎《みさき》城主北条氏規《うじのり》配下の三浦衆が佐貫浜への上陸に成功している。おそらくその後、北条軍による佐貫城攻めがおこなわれたとみられる。そして十月九日までに、里見義弘は事実上、北条氏に降伏し、両氏は和睦を結ぶ。そのあとに、氏政の娘（竜寿院殿）が義弘の嫡子義継《よしつぐ》（のちの義頼《よしより》）に嫁ぐことになり、両者の関係は婚姻をともなう同盟関係となっていく。こうして氏政は、長く江戸湾をはさんで敵対関係にあった里見氏との抗争についに終止符を打った。

十一月初め（十日以前）、氏政は上総からの帰陣の途中で、常陸木田余城（土浦市）の小田氏治の要請に応じて、下総森屋相馬氏領から舟橋をかけて越河して常陸に進み、小田氏のかつての本拠であった小田城（つくば市）攻めに向かった。かつて小田氏配下で、いまは佐竹氏に従っている諸将は義重に援軍を要請したが、義重は出陣しなかった。そのためそれらの諸将は佐竹氏から離叛して、旧主小田氏のもとに属してきた。

小田氏の勢力回復は、結城晴朝にとっては脅威となる。そのため晴朝は十二月に、配下の下館水谷勝俊《かつとし》（政村の弟）を宇都宮広綱のもとに派遣し、広綱の次男（のちの朝勝《ともかつ》）を晴朝の養嗣子に迎えるという縁組みを成立させ、あわせて広綱を北条氏から離叛させて、佐竹方に転じさせるのである。こうして宇都宮氏はふたたび佐竹方の陣営に戻った。

謙信、死去する

氏政は里見氏との同盟を成立させたことで、天正六年（一五七八）に入ると、いよいよ佐竹氏との対戦にとりかかっていく。そのために佐竹氏の背後に位置する、南陸奥の国衆たちとの連携を深めていった。まず正月二十五日に、出羽米沢伊達《だて》輝宗《てるむね》に書状を送って、通交を求めた。伊達輝宗に対しては、前年八月に氏政の弟氏規を通じて、すでに接触を図っていた。このたびのことは、氏政みずからが通交を開始するものであった。

また会津蘆名盛隆《もりたか》（盛氏《もりうじ》の後継者）とのあいだで佐竹氏挟撃を目的としての盟約を進め、二月二十三日には血判起請文を交換し、それを成立させている。すでに三春《みはる》田村清顕《きよあき》とのあいだにも盟約を成立させていたから、氏政は蘆名氏・田村氏と連携して、佐竹氏の挟撃を計画していった。

対して佐竹方も、氏政との対戦を見据えて対応を進めていく。とくに北条氏にとって当面の攻略目標とされている結城晴朝は、前年のうちから何度となく謙信に使者を派遣して、その関東出陣を要請していた。そうした情勢に対して、二月十日に謙信は関東の某《ぼう》に宛《あ》てて書状を送っている。宛名が欠けているものの、内容から考えるとおそらく佐竹氏の客将太田資正・梶原政景《まさかげ》父子に宛てたものと考えられる。

そこで謙信は、たびたびにわたって晴朝から関東出陣を要請されていることについて、自分もそのつもりであったが北陸地方の戦況によってなかなか果たせない状況であった。しかしそれもようやく落ち着いたので、すでに先月十九日に関東出陣のための陣触れを出したこと、四月ごろに出陣することを伝えている。

ただし、佐竹義重の家中衆が以前（天正二年〔一五七四〕）のときのように、わがままに「手筋・陣場」、攻撃先や在陣する場所について嫌ったりしたならば効果は得られない、と釘《くぎ》をさしている。そうであるから、「父子」（太田資正・梶原政景父子のことであろう）は晴朝に充分にそのことを了解させることを求め、そうすれば謙信の軍事行動も容易になる、と伝えている。

次いで十六日、梶原政景は謙信に書状を送り、前年から三度におよんで使者を派遣したものの、北条方によって通路が押さえられているため、いずれも途中から戻ってきてしまっていること、佐竹方では謙信の関東出陣を念願しており、そのため佐竹義重・宇都宮広綱・結城晴朝から使者を送ったことを伝えている。また前年冬にも、義重・晴朝から使者が送られたことを伝えている。佐竹方からは、前年から何度となく謙信に対して関東出陣を要請する使者を派遣していたらしいが、多くはたどりつくことができなかったらしい。

しかしともかくも、謙信は四月の関東出陣を表明している。それが実現すれば、二年ぶりの関東出陣となるはずであった。しかし謙信は、三月九日に春日山城で「不慮の虫気」により倒れてしまい、意識不明のまま十三日に死去してしまうのである。享年四十九であった。

死せる謙信、関東出陣を表明

謙信が死去してから五日後の三月十八日の日付で出された、謙信署名の書状が二点、残されている。ひとつは結城晴朝に宛てたもの（「相馬氏所蔵文書」）、もうひとつはその配下の下館水谷勝俊に宛てたもので（「維宝堂古文書」）、ともに結城氏関係者に宛てたものである。本文は二通とも同文で、晴朝宛についてのみ、追而書《おってが》き（追伸）があり、進物に対する御礼が述べられている。

本文の内容は、再三にわたって関東への出陣要請があったことに対して、喜びの意思を示し、先ごろ北陸地方の領有をとげたので関東に出陣することにし、領国全域に出陣の陣触れを発したこと、来月（四月）中旬には沼田・廏橋に着陣するつもりなので、味方中で示し合わせて、協同して軍事行動をおこなうことが重要であること、具体的な内容は「条目」（箇条書きの別添の文書）に示してあることを伝えている。

これまで、これら二通の年代については、天正五年（一五七七）に比定されることがほとんどであった。しかし先に述べているように、結城晴朝が北条氏から離叛して、佐竹方に味方したのは、天正五年六月のことであるから、それ以前になることはない。そのため、年代はそれより以降のことになり、必然的に謙信が死去する天正六年（一五七八）にしか比定することができない。内容も、天正六年のものとみて間違いがない。ところが謙信は、その五日前にすでに死去しているのである。これはいったいどういうことであろうか。

はっきりとした証拠があるわけではないが、これらは謙信の死去を知らない誰かが出したものではなかろうか。しかし春日山城の関係者であったなら、謙信死去の混乱によって関東の国衆への返信などを処理しているような状況にあったとは思われないから、おそらくは関東在陣の武将によるものではないかと考えられる。このときのことではないが、前線にいる重臣が謙信から判紙を預けられている事例は確認することができる。判紙とは、署名・花押《かおう》のみを書いた白紙の文書で、それを預けられた重臣がわざわざ謙信自身に確認する必要のない、たとえば礼状のような内容の場合に本文を作成して出すことができるのである。

問題の二通も判紙を用いて出されたものと考えれば、納得がいこう。その内容も、関東への出陣時期などのことはすでに上杉氏のなかでは周知の事柄であったものであろう。それを作成できるとすれば、廏橋城主の北条高広《きたじょうたかひろ》・景広《かげひろ》父子か、沼田城将の河田重親《しげちか》・上野家成《うえのいえなり》などであろう。それらのうち、この時期に関東の国衆との取次にあたっているのは北条父子であり、二十七日付で春日山城の重臣吉江資賢に宛てた書状には、謙信の死去に関して、関東諸将には病気として体裁を取り繕っていると述べているから（「吉江文書」）、こちらの可能性が高いと思われる。いずれにしろ謙信は、その死去後もわずか数日のこととはいえ、政治的には存在していたことになる。謙信は死去してもなお、関東出陣を表明し続けていたのである。

謙信が最初に関東に出陣してきた天文二十一年（一五五二）から数えると、すでに二十六年が経っていた。山内《やまのうち》上杉憲政《のりまさ》の関東政界への復権を掲げて、本格的な関東侵攻を開始した永禄三年（一五六〇）から数えても、二十年近くが経っている。その間、謙信はほぼ毎年のように関東に侵攻してきた。その意味からしても、謙信が関東戦国史のなかの主役のひとりであったことは間違いない。

しかし謙信をそのようにさせた最大の要因は、「関東の副将軍」山内上杉氏の家督を継いだことにある。謙信は上野を山内上杉氏の「本国」と認識し、その家名にふさわしく、関東政治秩序の体現者たろうとした。最後は、わずか沼田領・廏橋領を領有するにすぎなかったが、死の直前まで関東出陣を気にしていたのも、謙信がみずからを山内上杉氏の当主として強く自覚していたからであろう。

この後、謙信の後継者が山内上杉氏として主体的に関東の政治秩序に介入し、北条氏と抗争することはみられなくなる。ここに大永《だいえい》三年（一五二三）に北条氏が誕生して以来、関東の政治支配をめぐって五十五年の長きにわたって展開されてきた「北条対上杉」の抗争は、この謙信の死去によって突如として幕を閉じるのである。

エピローグ　消滅した「関東の副将軍」
――新たな抗争の枠組みへ

御館の乱と山内上杉憲政の最期

謙信《けんしん》が死去したあと、上杉氏ではその家督をめぐって内乱が展開された。その主たる舞台が、越後府中の御館《おたて》であったため、この内乱を「越後御館の乱」と称している。謙信には実子がなく、何人かの養子がいた。そして三郎景虎《かげとら》と喜平次景勝《かげかつ》の二人の養子のあいだで、謙信の家督をめぐる抗争が展開された。景虎は、本文中でもふれたように北条氏康《うじやす》の末子で、かつて越相《えつそう》同盟にともなって謙信の養子になった人物である。同盟が崩壊したあとも謙信は離縁しないで、そのまま養子として処遇していた。これは北条氏との契約内容を担保するためであったろう。

対して景勝は、越後長尾氏一族の上田長尾政景《まさかげ》の次男で、母は謙信の姉であったから、血縁の甥《おい》にあたっていた。初め実名は顕景《あきかげ》を名乗り、天正《てんしょう》三年（一五七五）に謙信の養子に迎えられ、実名も景勝に改め、謙信の官途名　弾正少弼《だんじょうしょうひつ》を襲名し、その後継者に位置づけられていた。景勝は、謙信の死去から十一日後の三月二十四日、春日山《かすがやま》城の本城に入って家督を継いだ。しかしその後、家中内で抗争が生じてしまい、やがて五月十三日になって、反対派に擁立された景虎が城から退去し、府中御館に籠《こ》もった。この御館こそ、謙信に家督を譲り、庇護《ひご》されていた山内《やまのうち》上杉憲政《のりまさ》の屋形であった。

内乱にあって上杉氏の家中は二分し、それぞれのあいだで抗争が展開された。上野《こうずけ》在国の武将も同様であった。また景虎の実家の北条氏、その同盟者の武田氏も介入し、北条氏・武田氏を巻き込む戦乱となった。その過程で、上野の領国は北条氏の領有に帰し、関東における上杉氏の領国は完全に消滅する。

御館での攻防は、天正七年（一五七九）三月まで続くが、景虎方の劣勢は決定的となった。そして十七日に、上杉憲政は景虎・景勝停戦の調停に乗り出したものの、景虎の妻子とともに景勝方に殺害される。享年は五十七歳であった。これによって山内上杉氏の正嫡は断絶した。また御館は落城、景虎は脱出して鮫ヶ尾《さめがお》城に籠城《ろうじょう》するが、これも二十四日に落城、景虎は自害し、景勝の勝利が確定する。

景勝は謙信の家督を継ぐという体裁をとったものの、上田長尾氏一族の出身であったためか、その後において、周囲の政治勢力からは相変わらず「長尾喜平次」と呼ばれることもしばしばであった。関東国衆からは、その後も支援要請を求められることがあり、その場合には「山内殿」と呼ばれたものの、もはや景勝が主体的に関東の戦乱に関与することはなかった。その意味からいっても、憲政の死去とともに「関東の副将軍」山内上杉氏は消滅したといっていい。

反北条勢力、佐竹方の「一統」

謙信の死去は、北条氏と佐竹方の抗争にも大きな影響を与えた。北条氏と佐竹方は直接、衝突することになった。その動きは四月下旬から本格化し、佐竹方が北条方の壬生《みぶ》氏攻撃を図ると北条氏がその支援のために出陣するという、毎度のパターンであった。しかしこのときの動向は、それまでとは様相が違っていた。

五月に入って佐竹義重《よししげ》は、北下総《きたしもうさ》・下野《しもつけ》・常陸《ひたち》の味方勢力すべての動員を進めたのである。北条氏は五月半ばから結城方の結城城・山川城を攻撃、佐竹方はその救援のために南下、二十八日に鬼怒川沿いの小川台《おがわだい》（筑西市）に陣取った。

それに対して北条氏は、六月一日に山川陣を引き払って、結城・山川・小川の境、武井・田間に布陣した。こうして両軍は鬼怒川をはさんで対陣した。対陣は双方に決定的な動きがないまま、七月四日までの一ヵ月以上にわたった。これを「小川台合戦」と称している。その間、御館の乱の展開があったから、北条氏は鬼怒川沿岸に釘《くぎ》づけにされた恰好《かっこう》となってしまっている。これが、景虎に対して有効な支援ができなかった最大の理由であった。

ここで、なによりも注目されることは佐竹方のあり方である。佐竹氏をはじめ、下野の宇都宮氏・那須氏、常陸の大掾《だいじょう》氏・真壁氏・江戸氏・鹿島氏ら、北下総の結城氏勢力など、佐竹氏の味方勢力のすべてが参陣したことである。

言葉を換えれば、北条氏に敵対している勢力すべてが、佐竹義重の呼びかけに応じて集結したのである。その様相について、北条氏も「佐竹・那須・宇都宮を始め、東表の面々一統有り」と表現している。関東における反北条勢力が、佐竹氏を盟主に「一統」したのである。そしてこのあと、それら国衆のほとんどが変わらず反北条氏の立場を取り続けていくことになる。

こうして北条氏への対抗勢力として、新たに佐竹氏を盟主とする「東方衆一統勢力」が登場することになった。そしてその関係はまさに、天正十八年（一五九〇）の小田原合戦で北条氏が滅亡するまで続いていくのである。この小川台合戦を契機に、そうした新たな対抗関係が成立した。その直接の要因こそ、謙信の関東出陣の終結にあった。それまで佐竹氏らは、北条氏への対抗にあたって謙信という存在に頼ってきたのであったが、その謙信が存在しなくなったことで、彼らは新たな対抗のための装置を作り上げなければならなくなった。「東方衆一統勢力」というかたちは、彼らが出したそれへの結論といえるであろう。

「関東の論理」に介入する中央政権

御館の乱の展開は、北条氏政《うじまさ》と武田勝頼《かつより》とのあいだにも新たな関係を生み出した。当初、勝頼は氏政からの要請に従い、景虎方への支援のため、越後まで出陣した。ところが東海方面の情勢への対応を優先し、六月下旬から景虎と景勝を和睦《わぼく》させるための仲介に乗り出し、そのため景勝とのあいだで和睦を進めた。七月下旬には春日山に着陣、本格的に両者の和睦を進めていった。そして八月半ばに景虎と景勝の和睦を成立させ、あわせて景勝とも和睦した。このころ、北条氏はまだ上野に進軍した程度で、景虎方の上杉諸将が越後に侵攻しているにすぎない状況であった。

しかし景虎と景勝の和睦は続かず、早くも八月末には破談した。それを受けて勝頼は帰国してしまった。当然のことながら、勝頼が戦線から離脱したことは、景勝方に有利に作用した。しかも勝頼は、年末に景勝に妹菊姫を嫁がせ、婚姻関係をともなう同盟関係を形成させたのである。翌年における景虎の滅亡の大きな要因が、こうした勝頼の行動にあったことは間違いない。そして氏政は、これを勝頼の背信行為と認識し、天正七年（一五七九）に入ると、勝頼と敵対関係にある遠江《とおとうみ》徳川家康との接触を進めていく。

こうした事態にいたれば、両者の決裂は時間の問題であった。すでに国境地域は不穏な情勢になりはじめていた。そして七月下旬に勝頼は氏政との手切れを考えて、佐竹義重と盟約を結び、対して氏政も八月には家康と盟約を結んだ。そして九月、ついに両者は手切れし、ふたたび北条氏と武田氏の抗争が展開されていくことになる。氏政は家康と結び、勝頼は景勝・義重と結び、互いに対抗しあった。氏政はさらに、家康の背後にある織田信長との結びつきを図っていく。早くも勝頼と直接対決にいたる直前には、信長のもとに使者を派遣している。これに対しては勝頼も、以前に信長と通交があった義重を通じて、和睦を模索していく。

いわば北条氏と武田氏は互いの抗争のため、関東の戦乱のさなかにすでに中央政権として確立をみていた織田信長をみずから呼び込んでいったのである。さらに氏政は、天正八年（一五八〇）三月に信長に対して従属の意志を表明し、嫡子氏直《うじなお》と信長の娘との婚姻の約束をとりつける（婚姻は実現せず）。

ここに北条氏は、成立以来初めて、他者に服属することになったのである。またこの状況を受けて、佐竹氏らも相次いで信長に接触していった。こうして関東の政治勢力は、敵対する双方で次々と信長との関係を築いていったが、信長はどちらに味方する、敵とする、といったようなことを表明することはなかった。それは信長がまだ、関東の戦乱に直接かかわっていないからであった。

このようにして、関東の政治世界ににわかに中央政権の影が色濃く落ちるようになった。このののちにおいて、北条氏も佐竹方も中央政権の存在を強く意識し、それとの関係をつねに考えざるをえなくなっていく。もはや関東の戦乱であるからといって、関東の論理だけで進めることはできなくなっていくのである。ここにいたって、関東の戦乱は「北条対上杉」という関東支配の正当性をめぐる枠組みから、中央政権による天下一統の過程とリンクした新たな段階に入っていった。

主要参考文献

本書執筆にあたっては多くの先行研究の学恩を受けているが、すべてを挙げることはむずかしい。そのため読者の便をはかって、さらにくわしく調べられるように、近年刊行された単行本を中心に挙げておくことにしたい。この点、先学諸氏にはご理解を頂戴したい。

浅倉直美『後北条領国の地域的展開』（戦国史研究叢書2）岩田書院、一九九七年

荒川善夫『戦国期北関東の地域権力』（戦国史研究叢書3）岩田書院、一九九七年

荒川善夫『戦国期東国の権力構造』岩田書院、二〇〇二年

市村高男『戦国期東国の都市と権力』思文閣出版、一九九四年

市村高男『東国の戦国合戦』（戦争の日本史10）吉川弘文館、二〇〇九年

今福匡『上杉景虎　謙信後継を狙った反主流派の盟主』宮帯出版社、二〇一一年

大塚勲『戦国大名今川氏四代』羽衣出版、二〇一〇年

久保健一郎『戦国大名と公儀』校倉書房、二〇〇一年

久保田順一『室町・戦国期上野の地域社会』（中世史研究叢書6）岩田書院、二〇〇六年

久保田昌希『戦国大名今川氏と領国支配』吉川弘文館、二〇〇五年

栗原修『戦国期上杉・武田氏の上野支配』（戦国史研究叢書6）岩田書院、二〇一〇年

黒田基樹『戦国大名北条氏の領国支配』（戦国史研究叢書1）岩田書院、一九九五年
黒田基樹『戦国大名と外様国衆』文献出版、一九九七年
黒田基樹『戦国大名領国の支配構造』岩田書院、一九九七年
黒田基樹『戦国期東国の大名と国衆』岩田書院、二〇〇一年
黒田基樹『中近世移行期の大名権力と村落』校倉書房、二〇〇三年
黒田基樹『扇谷上杉氏と太田道灌』（岩田選書地域の中世1）岩田書院、二〇〇四年
黒田基樹『戦国大名の危機管理』（歴史文化ライブラリー200）吉川弘文館、二〇〇五年
黒田基樹『戦国北条一族』新人物往来社、二〇〇五年
黒田基樹『百姓から見た戦国大名』（ちくま新書618）筑摩書房、二〇〇六年
黒田基樹『北条早雲とその一族』新人物往来社、二〇〇七年
黒田基樹『戦国の房総と北条氏』（岩田選書地域の中世4）岩田書院、二〇〇八年
斎藤慎一『中世東国の道と城館』東京大学出版会、二〇一〇年
佐藤博信『古河公方足利氏の研究』校倉書房、一九八九年
佐藤博信『中世東国政治史論』塙書房、二〇〇六年
佐脇栄智『後北条氏の基礎研究』吉川弘文館、一九七六年
佐脇栄智『後北条氏と領国経営』吉川弘文館、一九九七年
富田勝治『羽生城と木戸氏』（中世武士選書3）戎光祥出版、二〇一〇年

則竹雄一『戦国大名領国の権力構造』吉川弘文館、二〇〇五年
平山優『戦史ドキュメント　川中島の戦い（上下）』（学研M文庫）学習研究社、二〇〇二年
平山優『武田信玄』（歴史文化ライブラリー221）吉川弘文館、二〇〇六年
藤木久志『豊臣平和令と戦国社会』東京大学出版会、一九八五年
藤木久志『村と領主の戦国世界』東京大学出版会、一九九七年
藤木久志『新版　雑兵たちの戦場』（朝日選書）朝日新聞社、二〇〇五年
丸島和洋『戦国大名武田氏の権力構造』思文閣出版、二〇一一年
山口博『北条氏康と東国の戦国世界』（小田原ライブラリー13）夢工房、二〇〇四年
山口博『戦国大名北条氏文書の研究』（戦国史研究叢書4）岩田書院、二〇〇七年
荒川善夫・佐藤博信・松本一夫編『中世下野の権力と社会』（中世東国論3）岩田書院、二〇〇九年
池享・矢田俊文編『増補改訂版　上杉氏年表　為景・謙信・景勝』高志書院、二〇〇七年
葛飾区郷土と天文の博物館編『葛西城と古河公方足利義氏』雄山閣、二〇一〇年
桐生文化史談会編『桐生佐野氏と戦国社会』岩田書院、二〇〇七年
黒田基樹編『武蔵大石氏』（論集戦国大名と国衆1）岩田書院、二〇一〇年
黒田基樹編『武蔵三田氏』（論集戦国大名と国衆4）岩田書院、二〇一〇年
黒田基樹編『武田信長』（シリーズ・中世関東武士の研究2）戎光祥出版、二〇一一年

黒田基樹・浅倉直美編『北条氏邦と武蔵藤田氏』（論集戦国大名と国衆2）岩田書院、二〇一〇年
柴辻俊六編『武田信虎のすべて』新人物往来社、二〇〇七年
柴辻俊六編『新版　武田信玄のすべて』新人物往来社、二〇〇八年
柴辻俊六・平山優編『武田勝頼のすべて』新人物往来社、二〇〇七年
武田氏研究会編『武田氏年表　信虎・信玄・勝頼』高志書院、二〇一〇年
館山市立博物館編『さとみ物語　戦国の房総に君臨した里見氏の歴史』館山市立博物館、二〇〇〇年
栃木県立文書館編『戦国期下野の地域権力』岩田書院、二〇一〇年
藤木久志・黒田基樹編『定本・北条氏康』高志書院、二〇〇四年
　遠藤ゆり子「越相同盟にみる平和の創造と維持」
　黒田基樹「氏康の徳政令」

あとがき

戦国時代の政治史研究を進めていくうえで、もっとも苦労することに、無年号文書の年代比定という作業がある。政治史にかかわる史料は、年号が記載されていない書状が中心のため、逐一その年代を比定していかなければならない。じつは関東戦国史研究に限らず、戦国史研究において、そうした作業が本格的に進められるようになったのは、いまから二十年ほど前からのことになる。

私も研究を始めたころから、そのような年代比定と格闘してきた。一九八九年から刊行が始まった『戦国遺文　後北条氏編』（東京堂出版）で、北条氏の関係文書の年代比定に取り組み、二〇〇二年から刊行が始まった『戦国遺文　武田氏編』（東京堂出版）で、武田氏の関係文書の年代比定に取り組んだ。また一九九〇年代から上野国衆《こうずけくにしゅう》についての研究を進めていくなかで、上杉氏の関東関係文書の年代比定に取り組むようになった。こうして二〇〇〇年代には、北条・武田・上杉三氏の関東関係文書について、年代比定を進めてきた結果として、関東政治史の復元にかなりの手応《てごた》えを感じるようになってきた。

さらに二〇一〇年から刊行が始まった『戦国遺文　房総編』（東京堂出版）で房総関係

文書の年代比定に取り組み、同年に刊行された『戦国期下野の地域権力』（岩田書院）で下野国衆関係文書の年代比定を進め、『牛久市史料　中世Ⅰ』（牛久市、二〇〇二年）で常陸関係文書について年代比定を進めた。

いまだ下野・常陸国衆については、文書を網羅した史料集は刊行されていないため、年代比定にも困難があるが、それでも北条・武田・上杉三氏の動向を軸にすることで、かなりの程度、年代比定を進めることができるようになってきている。

本書はそうして進めてきた、関東政治史の復元作業に基づきながら、その概要を北条氏と上杉氏との抗争を軸にまとめたものである。分量の都合から、くわしく経過を記すことができなかったところもあるが、基本的な流れとしては、最新の成果を示すことができていると思う。もっとも年代比定というのは、研究の進展にともなって、つねに修正が加えられていくから、本書に示した内容は、あくまでも現在の研究成果に基づいたものとなる。

また本書では、戦国大名同士の抗争のなかに「国衆」という自立的に領国を形成する存在を位置づけていることが大きな特徴となろう。これまで戦国大名同士の抗争が取り上げられる場合、たいていは大名側の主体性から語られることが多かったように思う。本書ではむしろ、大名の動向を規定していた存在として国衆たちに注目し、大名の動向の多くが、それら国衆の意向や動向に大きく左右されていた状況を描き出すことを心がけた。これによって大名の動向について、かなりリアルなものになったと思う。

こうした描き方は、特定の大名を主題にした場合にはむずかしいが、本書は北条氏と上杉氏の抗争を扱ったものであるため、そのような側面を大きく取り上げることができたといえる。私自身、一九九〇年代に入ってから、そうした国衆についての研究を進めてきており、それを通じて大名の位置付けについて再考を迫ってきた。

先に刊行した『百姓から見た戦国大名』(ちくま新書)が、戦国大名の支配基盤に位置した村の視点から、すなわち庶民の視点から戦国大名をとらえたものとすれば、本書は戦国大名の政治勢力を規定する国衆の視点から戦国大名をとらえたものといえるだろう。

戦国大名は、大きな領国を形成し、そこで最高支配権者として存在しているものの、じつはそれを構成するさまざまな勢力に規定されて存在していたのである。本来、権力とはそうしたものであるといえよう。本書によって、戦国大名についても、そうした状況を具体的に認識することができるのではないかと思う。

二〇一一年四月

黒田基樹

文庫版あとがき

本書の元本は、二〇一一年六月に洋泉社歴史新書yの一冊として刊行された。刊行後、数年で品切れとなり、そのままになっていた。そうしたところ、このたびKADOKAWAの竹内祐子さんのご尽力により、角川ソフィア文庫の一冊に加えていただくことになり、装いも新たにして、再び世に出ることとなった。文庫化にあたっては、明らかな誤字を正したほか、一部、事実関係の誤りについてその旨を補記している。

本書の内容的な特徴は、大きく二点があると感じている。一つは、国衆の視点から戦国大名をとらえたことである。この「国衆」という用語は、私が二十数年前から提唱してきた学術用語になるが、今年のNHK大河ドラマ「真田丸」では、この国衆という用語が、歴史ドラマとしては初めて使用されており、ようやく世間周知のものとなりつつあるように思う。

もう一つは、戦国関東政治史のうち、北条家と上杉家との攻防の軌跡をとらえたことである。ただし政治史研究は、どの分野にも当てはまるが、日進月歩で進化している。本書が扱った内容についても例外ではなく、また私自身もそれを推し進め続けている。例えば、北条家四代当主の氏政の生年については、本書刊行時は天文七年（一五三八）説を採っていたが、その後の検討により、翌八年が妥当と考えるようになっている。

こうしたことは他にもいくつかあるが、全体の叙述内容には本質的に影響しないため、また本書の原型を基本的にとどめておきたい、という思いから、あえて書き直したりすることはしなかった。ただそうした最新の研究成果を確認されたい、という方には、その後に刊行した、以下の関連拙著・拙編書を参照していただきたく思う。

『戦国北条氏五代〈中世武士選書8〉』（戎光祥出版、二〇一二年）
『古河公方と北条氏〈岩田選書・地域の中世12〉』（岩田書院、二〇一二年）
『戦国期山内上杉氏の研究〈中世史研究叢書24〉』（岩田書院、二〇一三年）
『武蔵成田氏〈論集戦国大名と国衆7〉』（編書、岩田書院、二〇一二年）
『北条氏年表』（編書、高志書院、二〇一三年）
『岩付太田氏〈論集戦国大名と国衆12〉』（編書、岩田書院、二〇一三年）
『関東管領上杉氏〈シリーズ・中世関東武士の研究11〉』（編書、戎光祥出版、二〇一三年）
『山内上杉氏〈シリーズ・中世関東武士の研究12〉』（編書、戎光祥出版、二〇一四年）
『武蔵上田氏〈論集戦国大名と国衆15〉』（編書、岩田書院、二〇一四年）
『北条氏康の子供たち』（浅倉直美氏と共編書、宮帯出版社、二〇一五年）
『北条氏綱〈シリーズ・中世関東武士の研究21〉』（編書、戎光祥出版、二〇一六年）

また本書の内容は、大永三年（一五二三）の北条氏綱の名字改称から、天正六年（一五七八）の上杉謙信の死去までの、関東政治史を扱ったものになる。その後の政治史については、『小田原合戦と北条氏〈敗者の日本史10〉』（吉川弘文館、二〇一三年）および『真田昌幸　徳川、北条、上杉、羽柴と渡り合い大名にのぼりつめた戦略の全貌』（小学館、二〇一五年）で叙述をおこなっているので、興味のある方はそれらを参照していただければ幸いである。そうするとこれからの課題の一つは、大永三年までの政治史の叙述となろうか。

ともあれ本書が再び日の目をみることができるようになったことは、著者として純粋に嬉《うれ》しく思う。そのうえで今後の私に課せられた課題は、本書の内容を前提にしつつも、さらに扱う対象を発展させていくことであろう。それらの成果を一つずつでも世に出せるよう、これからも努力を続けていきたいと思う。

二〇一六年十月

黒田基樹

本書は、『戦国関東の覇権戦争——北条氏VS関東管領・上杉氏55年の戦い』（洋泉社、二〇一一年）を改題し、文庫化したものです。

図版作成　村松明夫

関《かん》東《とう》戦《せん》国《ごく》史《し》

北条《ほうじょう》VS上杉《うえすぎ》55年戦争《ねんせんそう》の真実《しんじつ》

黒《くろ》田《だ》基《もと》樹《き》

平成29年 1月25日 初版発行
令和6年 12月15日 11版発行

発行者●山下直久

発行●株式会社KADOKAWA
〒102-8177 東京都千代田区富士見2-13-3
電話 0570-002-301(ナビダイヤル)

角川文庫 20178

印刷所●株式会社KADOKAWA
製本所●株式会社KADOKAWA

表紙画●和田三造

●お問い合わせ
https://www.kadokawa.co.jp/（「お問い合わせ」へお進みください）
※内容によっては、お答えできない場合があります。
※サポートは日本国内のみとさせていただきます。
※Japanese text only

ISBN978-4-04-400189-6 C0121

角川文庫発刊に際して

角川源義

第二次世界大戦の敗北は、軍事力の敗北であった以上に、私たちの若い文化力の敗退であった。私たちの文化が戦争に対して如何に無力であり、単なるあだ花に過ぎなかったかを、私たちは身を以て体験し痛感した。西洋近代文化の摂取にとって、明治以後八十年の歳月は決して短かすぎたとは言えない。にもかかわらず、近代文化の伝統を確立し、自由な批判と柔軟な良識に富む文化層として自らを形成することに私たちは失敗して来た。そしてこれは、各層への文化の普及滲透を任務とする出版人の責任でもあった。

一九四五年以来、私たちは再び振出しに戻り、第一歩から踏み出すことを余儀なくされた。これは大きな不幸ではあるが、反面、これまでの混沌・未熟・歪曲の中にあった我が国の文化に秩序と確たる基礎を齎らすためには絶好の機会でもある。角川書店は、このような祖国の文化的危機にあたり、微力をも顧みず再建の礎石たるべき抱負と決意とをもって出発したが、ここに創立以来の念願を果すべく角川文庫を発刊する。これまで刊行されたあらゆる全集叢書文庫類の長所と短所とを検討し、古今東西の不朽の典籍を、良心的編集のもとに、廉価に、そして書架にふさわしい美本として、多くのひとびとに提供しようとする。しかし私たちは徒らに百科全書的な知識のジレッタントを作ることを目的とせず、あくまで祖国の文化に秩序と再建への道を示し、この文庫を角川書店の栄ある事業として、今後永久に継続発展せしめ、学芸と教養との殿堂として大成せんことを期したい。多くの読書子の愛情ある忠言と支持とによって、この希望と抱負とを完遂せしめられんことを願う。

一九四九年五月三日

角川ソフィア文庫ベストセラー

ジャパノロジー・コレクション
妖怪 YOKAI
監修／小松和彦

北斎・国芳・芳年をはじめ、有名妖怪絵師たちが描いた妖怪画100点をオールカラーで大公開！ 古くから描かれてきた妖怪画の歴史は日本人の心性の歴史でもある。魑魅魍魎の世界へと誘う、全く新しい入門書。

ジャパノロジー・コレクション
和菓子 WAGASHI
藪 光生

季節を映す上生菓子から、庶民の日々の暮らしに根ざした花見団子や饅頭まで、約百種類を新規に撮り下ろし、オールカラーで紹介。その歴史、意味合いや技などもわかりやすく解説した、和菓子ファン必携の書。

ジャパノロジー・コレクション
根付 NETSUKE
駒田牧子
監／渡邊正憲

わずか数センチメートルの小さな工芸品・根付。仏像彫刻等と違い、民の間から生まれた日本特有の文化である。動物や食べ物などの豊富な題材、艶めく表情など、日本人の遊び心と繊細な技術を味わう入門書。

ジャパノロジー・コレクション
千代紙 CHIYOGAMI
小林一夫

眺めるだけでも楽しい華やかな千代紙の歴史をひもとき、「麻の葉」「七宝」「鹿の子」など名称も美しい伝統柄を紹介。江戸の人々の粋な感性と遊び心が表現された文様が約二百種、オールカラーで楽しめます。

ジャパノロジー・コレクション
盆栽 BONSAI
依田 徹

宮中をはじめ、高貴な人々が愛でてきた盆栽は、いまや世界中に愛好家がいる。文化としての盆栽を、名品の写真とともに、その成り立ちや歴史、種類や形、見方、飾り方にいたるまでわかりやすくひもとく。

角川ソフィア文庫ベストセラー

ジャパノロジー・コレクション
刀 KATANA
小笠原信夫

名刀とは何か。日本刀としての独自の美意識はいかに生まれたのか。刀剣史の基本から刀匠の仕事場、信仰や儀礼、文化財といった視点まで——。研究の第一人者が多彩な作品写真とともに誘う、奥深き刀の世界。

ジャパノロジー・コレクション
若冲 JAKUCHU
狩野博幸

異能の画家、伊藤若冲。大作『動植綵絵』を始め、『菜蟲譜』や『百犬図』、『象と鯨図屏風』など主要作品を掲載。多種多様な技法を駆使して描かれた絵を詳細に解説、人物像にも迫る。これ1冊で若冲早わかり！

ビギナーズ・クラシックス 中国の古典
論語
加地伸行

孔子が残した言葉には、いつの時代にも共通する「人としての生きかた」の基本理念が凝縮され、現代人にも多くの知恵と勇気を与えてくれる。はじめて中国古典にふれる人に最適。中学生から読める論語入門！

ビギナーズ・クラシックス 中国の古典
老子・荘子
野村茂夫

老荘思想は、儒教と並ぶもう一つの中国思想。「上善は水のごとし」「大器晩成」「胡蝶の夢」など、人生を豊かにする親しみやすい言葉と、ユーモアに満ちた寓話を楽しみながら、無為自然に生きる知恵を学ぶ。

ビギナーズ・クラシックス 中国の古典
韓非子
西川靖二

「矛盾」「株を守る」などのエピソードを用いて法家の思想を説いた韓非。冷静ですぐれた政治思想と鋭い人間分析、君主の君主による君主のための支配を理想とする君主論は、現代のリーダーたちにも魅力たっぷり。

角川ソフィア文庫ベストセラー

陶淵明
ビギナーズ・クラシックス 中国の古典
釜谷武志

自然と酒を愛し、日常生活の喜びや苦しみをこまやかに描く一方、「死」に対して揺れ動く自分の心を詠んだ田園詩人。「帰去来辞」や「桃花源記」ほかひとつ一つの詩を丁寧に味わい、詩人の心にふれる。

李白
ビギナーズ・クラシックス 中国の古典
筧久美子

大酒を飲みながら月を愛で、鳥と遊び、自由きままに旅を続けた李白。あけっぴろげで痛快な詩は、音読すれば耳にも心地よく、多くの民衆に愛されてきた。豪快奔放に生きた詩仙・李白の、浪漫の世界に遊ぶ。

杜甫
ビギナーズ・クラシックス 中国の古典
黒川洋一

若くから各地を放浪し、現実社会を見つめ続けた杜甫。日本人に愛され、文学にも大きな影響を与え続けた「詩聖」の詩から、「兵庫行」「石壕吏」などの長編を主にたどり、情熱と繊細さに溢れた真の魅力に迫る。

孫子・三十六計
ビギナーズ・クラシックス 中国の古典
湯浅邦弘

中国最高の兵法書『孫子』と、その要点となる三六通りの戦術をまとめた『三十六計』。語り継がれてきた名言は、ビジネスや対人関係の手引として、実際の社会や人生に役立つこと必至。古典の英知を知る書。

易経
ビギナーズ・クラシックス 中国の古典
三浦國雄

陽と陰の二つの記号で六四通りの配列を作る易は、「主体的に読み解き未来を予測する思索的な道具」として活用されてきた。中国三〇〇〇年の知恵『易経』をコンパクトにまとめ、訳と語釈、占例をつけた決定版。

角川ソフィア文庫ベストセラー

唐詩選
ビギナーズ・クラシックス 中国の古典
深澤一幸

漢詩の入門書として最も親しまれてきた『唐詩選』。李白・杜甫・王維・白居易をはじめ、朗読するだけで風景が浮かんでくる感動的な詩の世界を楽しむ。初心者にもやさしい解説とすらすら読めるふりがな付き。

史記
ビギナーズ・クラシックス 中国の古典
福島正

司馬遷が書いた全一三〇巻におよぶ中国最初の正史が一冊でわかる入門書。「鴻門の会」「四面楚歌」で有名な項羽と劉邦の戦いや、悲劇的な英雄の生涯など、強烈な個性をもった人物たちの名場面を精選して収録。

蒙求
ビギナーズ・クラシックス 中国の古典
今鷹眞

「蛍火以照書」から「蛍の光、窓の雪」の歌が生まれ、「漱石枕流」は夏目漱石のペンネームの由来になった。礼節や忠義など不変の教養逸話も多く、日本でも多く読まれた子供向け歴史故実書から三一編を厳選。

白楽天
ビギナーズ・クラシックス 中国の古典
下定雅弘

日本文化に大きな影響を及ぼした白楽天。炭売り老人への憐憫や左遷地で見た雪景色を詠んだ代表作ほか、家族、四季の風物、酒、音楽などを題材とした情愛濃やかな詩を味わう。大詩人の詩と生涯を知る入門書。

十八史略
ビギナーズ・クラシックス 中国の古典
竹内弘行

中国の太古から南宋末までを簡潔に記した歴史書から、注目の人間ドラマをピックアップ。伝説あり、暴君あり、国を揺るがす美女の登場あり。日本人が好んで読んできた中国史の大筋が、わかった気になる入門書！